原爆と原発, その先

――女性たちの非核の実践と思想――

早川紀代・江刺昭子 編

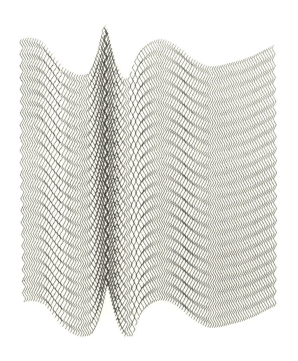

御茶の水書房

まえがき

　2011年3月11日，岩手県，宮城県，福島県の沿岸地域を中心に20mをこえる津波が押し寄せ，あらゆるものを奪いさった。福島第1原子力発電所は地震と津波により全電源を失い，原子炉はメルトダウンして水素爆発をおこし，放射性物質が広範な地域に飛散した。これらの地域の人びとがふるさとを失ってから，まる5年が過ぎた。

　巨大津波と原発事故によって，1万5894人の人びとがいのちを喪い，家族のもとに戻らないご遺体，帰らない人びとは2561人もいる（2016年3月10日警察庁まとめ）。住みなれた暮らしの場に戻ることができず，仮設住宅などで生活している人びとは17万4471人である（2016年2月12日復興庁まとめ）。原発事故による避難生活を続けている人びとは10万人前後にのぼる。

　チェルノブイリ事故に匹敵する福島原発事故に世界各国から支援が届いた。代替エネルギー政策が進んでいるドイツのメルケル首相は原発を2022年までに全廃することを決定するなど，福島事故はアジアの原発立地をふくめ世界の記憶になり，原発の今後の動向に深い影響を与えている。

　しかし，現在の政府や自治体による復興作業は，震災以前の，原発爆発事故以前の生活を取り戻すことには程とおい。一方，津波震災地の住民のみなさんは生業と町，ふるさとの復活に取り組んでいる。政府や東電による事故原因の究明や汚染水処理も進まない放射能にさらされた地域では，ふるさとや人びとのつながりをとりもどすことは容易なことではない。

　私たち，本書の執筆者たちは，この5年間なにを考え，どんな考えを紡いできただろうか。執筆者9人が所属する総合女性史学会は東日本大災害と福島原発事故に直面して，2012年3月の大会テーマを「災害と女性」とし，古代・中世，近世，近代，現代の各時代から報告をうけた。現代は「ヒロシマ・ナガサキ・ビキニから福島へ」というタイトルを設定し，ビキニ事件をとりあげた。

ビキニ事件が原爆被害から原子力の平和利用という美名のスローガンによって，原発建設へとつながる岐路になっているという予感や，ビキニ事件にかんする新しい資料や研究がおこなわれ，浜岡原発などに関心があったからである。報告準備のためにワーキング・グループをつくり，半年余りの準備をへて静岡在住の小和田美智子が報告した。

　私たちが準備過程で身がよじれるほど痛く感じたことは，原子力発電にたいして，ほとんど無自覚であったことであった。住民が原発建設を阻止した地域が，32か所（珠洲と日置は1か所に数える）も存在したことも，私たちにとって身体がふるえる驚きであった。私たちの多くは原爆・核兵器に深い関心があり原水禁運動にも携わってきたが，原発への関心は希薄であった。とはいえ，原発立地県にすむグループの一人は原子力発電に敏感であった。

　この反省をつねに胸に抱きながら5年間勉強をしてきた拙い成果が本書である。私たちはさまざまな勉強を重ねてきた。最初に学んだことは，1953年12月のアイゼンハワー米大統領の国連演説「アトムズ・フォー・ピース」がもつ多面的な内容であった。「アトムズ・フォー・ピース」は日本では「原子力の平和利用」として人口に膾炙され，広く日本人に受けいられてきた。日本人は原水爆の被害者であるが故というよりも，原水爆に反対する故に，さらに悲惨な体験をもとにどのような戦争をも拒むがゆえに，巨大なエネルギー・破壊力をもつ原子力を軍事用に使用するのではなく，医療や電力発電に使用する平和利用を歓迎した。

　しかし，この演説の大半はソビエトの水爆実験成功を背景に，米国が所有する軍事力，核兵器を強調するものであった。米国がもつウランや原子力研究資料を同盟国に提供する原子力の平和利用は，研究結果を米国に伝え，また後の協定では米国の同意をえて使用済み核燃料を再処理したり，輸送したりすることができるという枠がはめられていた。

　1953年に米国は，長期にわたる冷戦を予想して自国と同盟諸国を防衛する手段として核兵器を重視するニュールック政策を採用した。その支柱は，ソ連・共産勢力が攻撃してきた場合，通常兵器だけではなく核兵器によって報復し相

手を徹底的に破壊する大量報復戦略をとることであり，相手国の攻撃をあらかじめ防ぐ抑止戦略であった。アイゼンハワーの演説は軍事用の核と平和用の核を掲げて，米国を中心に同盟国の関係を緊密にする核同盟の提案であった。核の平和利用キャンペーンは，ビキニ事件以降日本国内に高まる反核意識や平和や中立の志向の強まりを前に，原子力平和利用博覧会の巡回開催のように，米国と日本の政権やマスコミによって日本全国津々浦々に拡がり，核の軍事利用や核被害の残虐さを覆い隠す役割をもっていたといえるだろう。

　ビキニ事件を探索するなかで，私たちは以上のような米国の核戦略や思惑，日本政府の同調に気が付いていった。

　第1部所収の江刺昭子「広島市立高等女学校原爆慰霊碑の表象をめぐって」は，8月6日に676人の生徒・教職員が爆死した女学校の原爆慰霊碑の浮彫は，原爆死した生徒たちを原子力の平和利用による夢多い未来の犠牲者にすりかえたことを強調する。原爆資料館は平和記念資料館といわれる。同じ論理である。江刺はまた物理学者の1950年前後の平和利用への希望にも触れている。

　小和田美智子「第五福竜丸のビキニ被災と母親大会・久保山すず」，石崎昇子「被ばくと男性―ビキニ被爆者・大石又七の軌跡」は，ビキニ環礁水爆実験の死の灰をあび，水爆死した第五福竜丸乗組員久保山愛吉の妻すずと乗組員大石又七が，すずは原水爆禁止運動に参加していく軌跡を，大石は原水爆禁止から原発廃絶に，さらにマーシャル諸島の被爆者，人類の平和へと関心を深めていく軌跡をおっている。小和田論文はビキニ被ばく後原発建設へとすすむ米日の動向，多数の乗組員や家族の気持ち，米国の対応に憤る地元の人びとの動向，原水禁運動をおいつつ，すずに焦点をあわせている。石崎論考は大石の思索の深まりの土台に放射能による生殖機能への影響を誰にも言えない不安として持っていたことを明らかにしている。

　永原和子「非核の世界をめざして―草の実会　斎藤鶴子の軌跡」，山村淑子「原水爆禁止運動から反原発へ―高度経済成長期の「主婦連合会」の動きにみる―」は，永原は一人の女性と彼女が属する小さな女性団体を，山村は全国組織の消費者団体をとりあげて，原水爆禁止運動から，原子力平和利用のイデオロギーを止

揚して原発の廃止を求めていく過程を分析している。永原が取り上げた斎藤鶴子は原水禁署名運動の起動力になった杉並杉の子会で学習をかさね，すべての核に反対というラッセルに手紙を書き続け，第五福竜丸の保存運動や憲法9条の保持を訴えた。彼女の思想と運動の基層はいのちをまもることであり，この信念が核抑止力論をのりこえて原発批判にたどり着いた。主婦連の信条は，平和，いのち，暮らしをまもることであり，そのためにあらゆるものの安全性を科学的分析によって追求し，消費者の権利を守ることである。この安全性という信念が，小さないくつかの「気づき」をとおって，原発建設がすすんだ1970年代という早い時期に原発建設に異議を表明する行動を支えた。

　第2部には原子力発電所の建設に反対し，建設を食い止めた，あるいは建設を許した3か所の地域の運動を個別にとりあげている。金子幸子「いのちとくらしとふるさとを守る―鳥取県青谷・気高原発阻止運動を担った地域婦人会―」は，鳥取県青谷地域における1980年代初期の中国電力による原発建設計画を阻止した運動をとりあげ，その中心的活動をすすめた鳥取県連合婦人会と気高郡連合婦人会の草の根活動を分析する。海保洋子「いのちの未来に原発はいらない―能登半島の反原発（志賀・珠洲）運動と女性―」は1960年代末に関西電力，北陸電力，中部電力の3電力会社が共同で推進した原発建設を，当該地の漁民や寺院，その他の人びとだけではなく石川県の金沢，七尾や富山県の住民が連帯して運動した過程を女性の活躍を中心に分析している。珠洲市では市会議員，その他の議員を輩出して，原発建設をくいとめた。早川紀代「自分たちの町のことは自分たちが決める―巻原発反対運動と女性―」は，志賀と同じ時期に東北電力によって原発の立地が企てられた新潟県巻町を取り上げる。巻も志賀・珠洲と同様に30年以上巻町住民の反対運動が続いたが，90年代半ばから2度の住民投票，リコール運動が展開し建設を阻止している。女性の運動への参加は80年代からである。

　これらの3地域は，島根原発，福井美浜原発，柏崎刈羽原発をくわえるとすべて日本海に面している地域である。とはいえ，反対運動の展開の方法は，地方自治体の政策や電力会社の立地計画によって異なっている。青谷町は議会が

建設反対であったが，志賀や珠洲は県が電力会社の代行をし，巻では議会は建設を推進した。女性たちの運動もまた地域連合婦人会が率先して反対運動を展開した青谷に対して，志賀・珠洲や巻では地域婦人会の反対運動はない。けれどもどの地域でも講師を招いたり自前で勉強したり，非常によく学習をしている。これは第1部の斉藤鶴子や主婦連にも共通している。核物理学や放射線防護学などの科学者の寄与も大きい。学習による原発の危険性の認識は活動となり，反核・反原発の思想はいのちとふるさとをまもるというシンプルで人間としての切実なスローガンに具体化されたことも共通している。

第3部，宇野勝子「原発をめぐる最近の動向―新聞報道による―」は，『朝日新聞』や『日本経済新聞』掲載の記事から2014年から2016年の今日までの政府や電力会社の原発をめぐるさまざまな政策などをとりあげている。福島事故後も原発をベースロードとした政府のエネルギー政策，国際動向に反してプルトニウムの再生を図る核燃料サイクルに固執する政府，解決しない核のゴミ処理や，一方では福井・高浜原発3・4号機の運転差し止めについての対立する司法判断，東電3役の強制起訴などを分析して，最後に核兵器の廃絶と原発廃止を記している。

以上，簡略に紹介した所収論文の足取りは，アジア太平洋戦争後の米国の核エネルギー政策，軍事を軸に平和利用をとりこみ，両者を核同盟関係として構成する核エネルギー政策とそれに同調してきた日本政府の政策のなかで，生きてきた人びとの生活と思想の営みの記録である。人間が創り出した核エネルギーは核爆弾も爆発した原発も，人間の生活を根底から破壊する。峠三吉の「にんげんをかえせ」の原爆詩は，原発事故に通底している。私たちはこの事実を学んだ。

2016年3月にマーシャル諸国共和国大統領は，マーシャル諸島で核実験をくりかえし，島と島民の生活を破壊した米国など核保有国を国際司法裁判所に提訴した。大統領は被害の真相を述べたいという。また核兵器の非人道性にかんする国際世論も高まっている。日本政府は及び腰であるが。日本から原子炉が早い時期に輸出された台湾ではこれらの原子炉は住民の運動によって最近廃

炉になっている。この運動の活動家は日本の巻町で運動の報告している。福島事故後原子炉の輸出をきめた安倍政権とインド政府，トルコ政府のおひざ元でも，原発を拒否する運動が立地地域を中心に展開している。さらにウラン採掘地でも反対運動が展開している。

　福島原発事故の原因と責任を究明すること，被災の地や被災者が生きていく権利を保障し，ふるさとを再生・創生すること，すべての原発を廃炉にし，自然再生エネルギー中心の社会を築いていくことは，私たちの仕事であることを胸に刻みたい。この道はすべての被爆者を認定し，核兵器の実験から使用まで禁止する核兵器禁止条約を制定する作業への日本政府の参加を求める過程と重なる。

　私たちがくらす日本の今日の政治情勢は複雑である。2011年9月から始まった人びとの原発反対の行動は，福島をはじめ原発立地地域や国会周辺で現在もなお展開している。今日ではシールズやティーンズ・ソウルの青年たち，勤め帰りの会社員，乳幼児をつれたママたちが加わり，安倍政権の民意無視，立憲制・国会無視のさまざま立法，政策にたいして，基本的人権，個人の権利の擁護を主張している。個人，個人がつくりあげる政治と国家権力主導の政治の攻防がつづいている。沖縄県では県民と政府の基地などをめぐる攻防は激しい。

　的確な情報の獲得と学習，いのちの実感，生きていることの実感によって，事の本質をつかみ，行動することの大切さを考える。それは戦後の女性の歴史，原爆と原発に向きあってきた人びとの歴史が示していることでもある。

2016年4月
執筆者を代表して
早川紀代

原爆と原発, その先　女性たちの非核の実践と思想

目　次

目　次

まえがき

第 1 部

広島市立高等女学校原爆慰霊碑の表象をめぐって……5
　　　　　　　　　　　　　　　　　　　江刺　昭子

第五福竜丸のビキニ被災と母親大会・久保山すず……19
　　　　　　　　　　　　　　　　　　　小和田美智子

被ばくと男性……………………………………………39
　―ビキニ被爆者・大石又七の軌跡―
　　　　　　　　　　　　　　　　　　　石崎　昇子

非核の世界をめざして―草の実会　斎藤鶴子の軌跡……55
　　　　　　　　　　　　　　　　　　　永原　和子

原水爆禁止運動から反原発へ……………………………65
　―高度経済成長期の「主婦連合会」の動きにみる―
　　　　　　　　　　　　　　　　　　　山村　淑子

第2部

いのちとくらしとふるさとを守る 91
　―鳥取県青谷・気高原発阻止運動を担った地域婦人会―

　　　　　　　　　　　　　　　　　　　金子　幸子

いのちの未来に原発はいらない 113
　―能登半島の反原発（志賀・珠洲）運動と女性―

　　　　　　　　　　　　　　　　　　　海保　洋子

自分たちの町のことは自分たちが決める 137
　―巻原発反対運動と女性―

　　　　　　　　　　　　　　　　　　　早川　紀代

第3部

原発をめぐる最近の動向 161
　―新聞報道による―

　　　　　　　　　　　　　　　　　　　宇野　勝子

本書関連年表　　　海保洋子作成 175

あとがき

ix

原爆と原発，その先
女性たちの非核の実践と思想

第1部

広島市立高等女学校原爆慰霊碑の表象をめぐって

江刺昭子

はじめに

　1945（昭和20）年8月6日，人類史上初の原子爆弾が広島に投下された。一発の爆弾による犠牲者数は，かつてない規模で，この年12月末までの死者は約14万人とされる[1]。うち約7200人が勤労動員の国民学校高等科・中学校・女学校の生徒である[2]。10代の子どもたちが，学業の場から強制的に引きはがされ，あげくのはてに原爆の業火に灼かれたのである。動員された学校のうち，最も多い死者を出したのが広島市立高等女学校で，引率教員10人と生徒666人が犠牲になった。

　被爆後，同校ではさまざまな慰霊行事を行い，死者を悼む慰霊碑を建立した。その際，占領下であったため原爆の犠牲であることを明示できなかった。また，戦後まもなく始まった原子力平和利用の動きの中で，犠牲者が美化され国策に翻弄されたことが，慰霊碑の表象にみられる。その経過を，遺族会や同窓会が編集発行した追悼集[3]を中心にたどる。同校の名称は時期によって異なるが，本稿では広島市立高等女学校とし，略して市女と記すこともある。後身の広島県広島舟入高等学校は，舟入高校と略すこともある[4]。また，犠牲者を出した他の学校名及び地名は当時のままで記す。

勤労動員，そして被爆死

　広島市立高等女学校の学徒勤労動員は，1945年3月頃から本格化し，3，4年生は日本製鋼所，西部被服工場などに配属された。1，2年生の作業は市中心部に防火帯を造るため強制的に取り壊された家屋の後片づけで，建物疎開と称される。通年動員ではない。第6次建物疎開作業が8月5日から始まり，2

日目の6日，材木町で原爆に直撃された。学校の「経過日誌」[5]による被爆の様相は次の通り。

　八月六日
　△学校ニテハ一，二年ヲ県ノ命令ヲ受ケ県庁北（新橋―大橋間）ニテ疎開跡片付ケノ為出勤ス
　△附添教諭　繁森・重松・横山　砂古・森　溝上・八林（順序不同）
　△一・二年出勤概数　約五百名？　欠席者モカナリ有ル見込（略）
　△八月六日午前八時過敵大型機三機ト思ハルルモノ広島上空ニ飛来，新型爆弾落下傘附ノモノ投下，着地前空中ニテ炸裂ス
　炸裂状態詳カナラザレドモ各状報ヲ総合スルニ，空中ニテ炸裂強烈ナル光線放射一，二分後之亦強烈ナル爆裂アリ
　△人類殺傷ノ概略，強烈ナル光線ニテ露出皮膚ハ総ベテ大火傷，着衣モ又焼ケボロボロトナル
　次ノ瞬間ノ爆風ニヨリ衣類総ベテ吹飛ビ丸裸トナル
　其ノ様子ノ一例ヲ示セバ，軍人ニシテ死体トナリタル者，長靴着用シ居レドモ軍袴ナク刀帯アレドモ上衣ナク軍帽ナシ
　学徒ノ多クハ紋平ヲ止メ居ルヒモ乃至皮帯ノミアレドモ，ズロースサエナク一糸マトハザル者殆ンドノ如シ（略）
　学徒退避状態及其ノ経過
　多クハ現場ニ失明状態ニテ昏倒，或ハ家屋下ニ至リ下敷，乃至ハ新橋・新大橋ニ向ヒ水ヲ求メテ移動，河中ニ飛ビ込ム濠ニ入レル者又多ク，水槽ニ入レル者尠カラズ。河川ニ遡航セル六一四〇部隊発動機船ニ収容，似島ニ搬送サレシ者モ少数紹介セラル但シ生存者ハ三・四名ニ止マリ附添教員ノ消息不明（略）

　爆心から約500m地点での被爆である。わが子を探しにきた保護者が息のあった3，4人を連れ帰ったが，その日のうちに死亡。救助にきた軍隊により似島まで運ばれた森本幸恵が7日間生存したが，ほとんどは遺体も確認されず全滅した。死者数は，引率教員10人，生徒541人。日本製鋼所など他の場所

での死者をあわせると，市女教員生徒の犠牲者数は 676 人に及んだ[6]。

転々とする慰霊碑

　広島市立高女では，直前まで現場にいた宮川造六校長が別の場所で被爆したが生還し，校舎も全滅を免れたことから，比較的早い時期に授業を再開し，慰霊行事も行っている。被爆 8 日後の 8 月 14 日には学校職員室で納経，分骨式。10 月 30 日には講堂で慰霊式を行った。このあとの慰霊碑建立の動きは複雑なので，年次順にその動きをたどる。

① 1946 年 8 月 6 日，原爆当日に朝礼を行った材木町西福院跡の小高い土盛の上に「殉職諸先生並生徒供養塔」と記した木碑を建てる。以後 49 年までここで学校主催の慰霊式を行う。

② 西福院の土塀の下敷きになった生徒の遺品を学校内の奉安庫跡に埋めた。この草山の上に弔慰金の一部寄付と父兄会費で「平和塔」を建立。1948 年 8 月 6 日，除幕式を行う。碑は御影石を用い，表面の浮彫の少女像原型は彫刻家の河内山賢祐が制作し，碑の建設は三好祐之，少女像は香川県高松市の石工を雇って彫刻させた。オカッパ頭に制服の上着とモンペを身につけた少女が，胸に「$E = MC^2$」と書いた箱を抱いている。E は Energy，M は Mass の頭文字，C は光の速度で，アインシュタインの相対性理論からとられた原子力エネルギーを表す公式である。少女の背から羽が伸び，左右に鳩とクローバーの花輪を手にした少女が寄り添う構図になっている。碑陰には，宮川造六（雅臣）校長作の短歌「友垣に　まもられなから　やすらかに　ねむれみたまよ　このくさ山に」が彫ってある。

③ 1950 年 8 月 6 日，①の木碑のある場所が都市計画で 100m 道路の一部になるため，近くの木挽町の持明院内に木碑を移設して追弔会を行う。この年，市女原爆遺族会が発足。

④ 1951 年 8 月 6 日，遺族会が持明院の木碑を取りのぞき，新たな碑を建立して除幕式と七回忌法要を行う。「子供達の臨終のこの土地に追悼碑を建てたいとの議が高まった[7]」からだという。学校内の「平和塔」と同形にし，表に「市

写真1　広島市立高等女学校原爆慰霊碑全景　手前右が説明碑
（広島市高等女学校・広島市立舟入高等学校同窓会『証　被爆70周年慰霊の記』）

女原爆追悼碑」、裏に宮川校長作の、教師、生徒、それぞれの最期の姿と、遺族の思いを詠んだ追悼歌3首を刻んだ。
⑤ 1957年6月、市女と後身の広島舟入高等学校との縁が薄くなったことから、遺族会は十三回忌を機に、母校にある「平和塔」を犠牲者の魂が留まる元安川畔の平和大橋西詰に移設した（現在地）。以後、「広島市立高女原爆慰霊碑」と称し、宮川元校長が執筆した説明碑を建立した（写真1）。
⑥ 1967年、平和都市区画整理により、木挽町の持明院が市郊外の戸坂町に移転。「市女原爆追悼碑」も移設する。
⑦ 1977年8月、三十三回忌にあたり、遺族会が持明院の「市女原爆追悼碑」のかたわらに「追悼碑文」を刻んだ副碑を建てる。
⑧ 1978年、市女と舟入高校の同窓会が合併。以後、合同で慰霊式を行う。
⑨ 1985年、⑤の慰霊碑の背後に「市女職員・生徒慰霊銘碑」を建立し、犠牲者676人の氏名を刻んだ。2007年、老朽化のため建て替える。
　市女の原爆慰霊碑は、①と②が移転を繰り返したことから、一時期は被爆地の至近距離に二つが存在したことになる。

「原爆」という表象

　勤労動員で犠牲者を出した学校は50校に及んだが、校舎が全壊全焼したり、教職員にも多くの犠牲者が出て、廃校になったところもあり、追悼行事まで手

がまわらなかったケースが多い。その中で最も早く46年中に追悼碑を建てたのは，市立第三国民学校と私立修道中学校とされる（広島市平和推進課「原爆関係の慰霊碑等の概要」[8]）。両校が校内に建てた慰霊碑は石造の堂々としたものである。一方，現存しないため慰霊碑の紹介本に記載されていないが，市女は，46年8月に①の碑を建てており，写真も残っている。木碑ではあるが，被爆現場に建てたのは市女碑のみである。

　1948年，市女が慰霊碑②を，県立第一中学校が「追憶の碑」と刻んだ碑を建立する。いずれも石碑で，被爆現場ではなく学校内で，碑の表裏に「原爆」という文字はない。市女遺族会会長・眞田安夫の前掲「遺族会結成以後のこと」には「当時わが国は米軍占領下にあり，慰霊碑などの建立は許されない諸情勢であったが，市女原爆関係者は率先してこれを建立し，平和塔と呼んでいた」とあり，原爆犠牲者の碑であることを大っぴらにできなかった事情を記している。

　この間の事情を宇吹暁は，『ヒロシマ戦後史―被爆体験はどう受けとめられてきたか』[9]で，「学校関係の慰霊碑の建立には制約があった」として，広島市学事課長「広学丙第一二二号　宗教教育其の他について」(1946年7月30日)によって，慰霊祭・追弔会などの宗教行事は，学校内はもちろん，校外でも，学校主催で行うことは禁じられていた。また，「忠霊塔等の処理に関する件」(1947年4月14日)によって，校内にあった忠霊塔・忠魂碑，その他戦没者の記念碑・銅像などの撤去が指示されたと説明している。

　これを裏づけるのが修道中学校碑で，前掲「原爆関係の慰霊碑等の概要」に，「戦後，最も早く建てられたが，占領政策を受けて1946年に政府が出した方針（学校及び公共用地等にある忠魂碑等の撤去）に伴い，碑の裏に刻まれていた原爆の文字と建立年月日を削り取り，セメントを塗った。現在，犠牲者188人の名前を刻んだ銅板がはめ込まれている」とある[10]。

　しかし，この通達が全ての学校碑に及んだわけではなく，第三国民学校の「慰霊塔」も，県立一中の「追憶の碑」も撤去されず，慰霊式も行われている。宮川造六「遺族会結成以前のこと[11]」によると，46年8月6日8時15分，被爆

地に建てた木碑の前で慰霊祭を執り行った際,「アメリカ飛行機はこの日敬弔の意を表してか幾度も幾度も低空飛行を行った。この飛行機を見上げる遺族の顔には痛恨限りなき苦悩の色が覗える」とあり,現役校長でありながら,市の通達を承知していなかったかのような証言だ。さらに48年には校内に「平和塔」も建立している。いずれも学校ではなく,遺族が建立し,慰霊式を行ったということで見逃されたのだろうか。

前掲『ヒロシマ戦後史』で宇吹は,先述の市の通達は「それまでの軍国主義的な教育と一線を画するために行われた政策の一つであったが,原爆犠牲者遺族の慰霊に対する態度・心情にさまざまな影響を与えた」としている。

この頃,メディアに対してプレスコード(45年9月発令)による事前検閲があり,占領軍に不利益をもたらすとみなされた記事は掲載不可になり,その中に原爆に触れた記事や読物も含まれていた。

市の通達とプレスコード,この二つが結びついて受けとめられ,あるいは噂となって自粛ムードが広まり,原爆碑も戦前・戦時中に建立された忠魂碑や忠霊塔と同様に扱わなければならないとして,「原爆」と刻むのを避けたと思われる。表面には出ていないが,碑の建立そのものを断念した学校もあったのではないか。

それでも,市女遺族会は,①の碑を51年に被爆地近くの持明院に移して石造にし,「市女原爆追悼碑」と彫った。翌年には講和条約が発効するが,まだ占領下である。46年の木碑,48年の「平和塔」,そして51年の「原爆追悼碑」と,市女関係者の勇気ある行動といえるが,それだけ遺族や学校関係者の悲傷が深かったということでもあろう。

学校碑を含め,地域や企業関係の慰霊碑が現場に建てられるのは講和独立後の60年代,70年代である。現在,原爆死を悼む慰霊碑が被爆中心地周辺だけでなく市内に多数あるが,碑の表面に「原爆」という文字が入ったものは意外に少ない。占領下の自粛ムードを引きずっていると同時に,残酷な現実を直視するのを避ける日本人気質があるようにも見受けられる。

写真2 慰霊碑表の拡大（広島市女原爆遺族会『流燈』）

湯川秀樹が被爆少女に託した夢

　次に，現在も市女・舟入合同同窓会が毎年慰霊式を行っている平和大橋西詰の「広島市立高女原爆慰霊碑」（⑤）の表象について考察する。この碑表は，他に例をみない異色のデザインである（写真2）。成立事情について，現在地に移設したとき建てられた説明碑に宮川造六の文章が彫ってある。

> 　この碑は昭和廿年八月六日八時十五分　この地附近で家屋疎開作業中原爆に遭って全員殉職した広島市立第一高等女学校報国隊職員生徒六七九柱の霊を弔うため　遺族会が昭和廿三年忌日母校校庭に建立　同卅二年十三回忌に現地に移したものである。
>
> 　碑面の浮彫は河内山賢祐氏の作で　国家の難に挺身した可憐な生徒たちを「あなたは，原子力（E = MC²）の世界最初の犠牲として人類文化発展の尊い人柱となったのです」と慰めている姿をあらわしている。
>
> 広島市立高女原爆慰霊碑

宮川はまた，前掲「遺族会結成以前のこと」にも同じ意味の文章をより詳しく書いている。河内山に原型の制作を頼んだところ，

> 　河内山氏は京都に湯川秀樹博士を尋ねて原子力の意味を糺し，三人の純情の乙女が一人はモンペをはき，手に原子力という事を表示したものを持ち，二人はスカートをはいて一人は鳩を抱き一人は花輪をモンペ姿の友に捧げている姿であり，その意味は原子力の犠牲となって倒れた乙女を原子力は

将来世界の社会を一変せしめ昔の産業革命にも比すべき人類社会の革命を招来するものである，その犠牲となった事は限りなき悲しみであるが，それによって将来世界人類に平和と繁栄をもたらす人柱となったのであるから安らかに眠って下さいと祈っている，慰めている乙女二人の熱き友情を表現したものであると言っている。

原子力は産業革命にも比すべき人類社会に平和と繁栄をもたらすもので，被爆死した生徒たちは，その人柱だとする。ここにはすでに原子力の平和利用によって輝かしい未来が来ることが示唆されている。この発想はどこから来たのか。河内山が湯川秀樹に原子力を表す公式を教えてもらったのだから，原子力の明るい未来について語ったのも湯川なのだろう。

湯川がプリンストン高等研究所の客員教授に招かれて渡米するのは48年9月なので，河内山が会ったのは47年後半から48年初めにかけてということになる。この頃，湯川は『科学と人間性』[12]に書いている。原子時代が到来し，原子力を人間の手で制御しうるようになったが，原子爆弾の出現は「人類の破滅の危険性が無視しえないものであることを示した」。「その半面において原子力が平和的な目的に利用された場合に，それがどんなに大きな恩恵を人類に与えるかをも知らねばならない」。米国で1年に採掘されるウランによって，1年間の動力の全需要量を満して余りあるほどだから，「早晩大電力発電所が出現するであろうことが十分期待される」と。

ということは，碑表の真ん中の少女が胸に抱いている箱の「$E = MC^2$」が意味するのは，平和目的に利用される原子力であり，湯川が被爆少女に未来への夢を託したと読める。湯川は，正力松太郎に要請されて56年に原子力委員会委員になるものの1年余で委員を辞任している。それは原発に反対だったからではなく，基礎研究を省略して建設を急ぐのは将来に禍根を残すというのが理由である[13]。

なお，碑表に彫られている少女像は3人だが，河内山が制作した原型の石膏レリーフの少女像は2人で，鳩を持った左側の少女はいない[14]（写真3）。図柄を見ても，真ん中と右側の少女が向かい合っているのに，左側の少女の姿勢

写真3 河内山賢祐作「女子学徒」石膏レリーフ（山口市小郡文化資料館提供）

は不自然である。どういう経緯で左側の少女が加わったのか不明だが，平和の表象である鳩が追加されたことで，平和イメージがより強調されたといえる。

原子力の平和利用キャンペーン

もう一つ，確認しておきたいのは，説明碑の文章が書かれたのも，宮川の「遺族会以前のこと」が『流燈』に掲載されたのも，碑が平和大橋西詰に移設された1957年だということだ。48年に碑ができたとき，関係者はその意味を承知していただろうが，広くは知られていない。母校の片隅にひっそりと建っていた碑が，9年の歳月を経てノーベル賞科学者湯川との関わりを背景に，原子力の平和イメージを表象としてまといながら，被爆中心地に姿を現したことになる。この間に進んでいたのは，米国に押しつけられる形で原子力の平和利用の効用を日本に浸透させるたくらみである。

54年3月，中曽根康弘が提案した原子力関連予算が衆議院を通過。同年9月，浜井信三広島市長が渡米して，原発誘致を米国国会議員に働きかける。これに応じてイエーツ議員が広島に原発を建設するための予算を下院に提案したが，55年4月の市長選で浜井が落選したために，この話は消える。浜井の考えは，「原

子力の最初の犠牲都市に初めて原子力の平和利用が行われることは亡き犠牲者への慰霊にもなる[15]」というものだった。

　55年には原子力三法が成立し、国策として原子力の推進が始まり、同年11月には、米国のUSIS（United States Information Service）が後ろ盾になり、東京日比谷で原子力平和利用博覧会が開催され、以後2年間、全国11都市を巡回する。56年5月から6月にかけては、広島県・広島市・広島大学・広島アメリカ文化センター・中国新聞社主催で広島でも開催。会場は、前年開館した原爆資料館で、原爆の惨状を伝える展示物を撤去して、実験用原子炉の実物大模型やマジック・ハンドなどが展示され、博覧会終了後も67年まで、その関連展示は資料館の大きな比重を占めた。57年5月には、茨城県東海村に日本原子力研究所の原子炉が設置された。「原子の灯」がともったのである。

　このような動きと並行して、米国はマーシャル諸島のビキニ環礁などで核実験を繰り返し、これに反対して55年8月に第1回原水爆禁止世界大会が広島で開催されたが、翌年8月に結成された被爆者団体である日本原水爆被害者団体協議会（被団協）さえ、「結成宣言＝世界への挨拶」に、原爆被害者の救済を訴えながら、同時に次のような文言を盛りこんでいる。「人類は私たちの犠牲と苦難をまたふたたび繰り返してはなりません。破滅と死滅の方向に行くおそれのある原子力を決定的に人類の幸福と繁栄との方向に向かわせるということこそが、私たちの生きる限りの唯一の願いであります[16]」。

　市女碑の説明碑文、原発誘致をはかる浜井市長の発言、被団協の結成宣言には共通項がある。原子力の平和利用は、広島の、日本の、世界の、ひいては人類全体の幸福と繁栄につながるという夢に、原爆犠牲者や遺族の怒りと悲しみを収斂させるという思想である。それは、原子力エネルギーを兵器として最大限利用するために核実験を繰り返しつつ、原発を開発し世界に輸出するために、原爆被害をできるだけ過少に見せようとした米国の占領政策の帰結であったともいえよう。

おわりに

　原子力のもたらした悲劇を伝えるはずの原爆資料館で，原子力のプラス面を強調する展示が行われたとき，見学する人びとが列をなしたという。展示が成功し，その興奮が尾を引く1年後に，資料館と200mしか離れていない元安川畔に市女碑が移ってきたのである。近所に住んでいた1952年生まれの千葉康は，子どもの頃，父親から，「あれはアインシュタインという偉い人が考えた公式なんだよ」と碑面の少女像の説明を誇らしげに聞かされたという。

　日本の精神史や思想史研究者であるラン・ツヴァイゲンバーグは，原子力博覧会開催のいきさつと意味を1人のアメリカ人と1人の日本人の行動を通して明らかにした論考「アボル・ファズル・フツイと森瀧市郎―原子力の夢と広島[17]」で，「日本人は原子力を押しつけられただけではない。それを受け入れ，積極的に『抱きしめた』のだ」としている。市女碑の少女はまさに原子力を「抱きしめて」いる。その分，原爆のもたらした残虐性，非人道性が薄められ，酸鼻をきわめた死が美化されたといえる。市女碑が背負わされたのは，科学技術の実験とそれを戦略的に具体化する米国と日本の国策に翻弄された歴史といっていい。このとき碑が表象した原子力の明るい未来図は，2011年の福島原発事故によって無惨にも打ち砕かれたのである。

注

1) 広島市ホームページ＞原爆・平和→原爆被害と復興＞広島市原爆被害の概要 http://www.city.hiroshima.lg.jp/www/contents/1111637106129（2016. 1. 13閲覧）
2) 『広島平和記念資料館企画展　動員学徒―失われた子どもたちの明日』2004によると，8月6日，広島での動員学徒は2万6800人で，うち約7200人が原子爆弾によって亡くなったとある。関千枝子『ヒロシマの少年少女たち―原爆，靖国，朝鮮半島出身者』彩流社，2015は，「日本教育史上最大の災害」なのに動員学徒の被害実態がいまだに明確でないことを指摘している。
3) 眞田安夫・広島市女原爆遺族会編集発行『流燈―広島市女原爆追憶の記』第一編1957，1994復刻。第二編1977。広島市高等女学校・広島市舟入高等学校同窓会編集発行『流燈―広島市女原爆追憶の記』第三編1987。広島市高等女学校・

広島市立舟入高等学校同窓会編集発行『証―失われた命を語り継いで』2005。同『証―被爆70周年慰霊の記』2015。

4) 広島市立高等女学校は，1921年に広島市高等女学校として設立されたが，校名は太平洋戦争中と戦後に変遷する。42年4月，広島市立高等女学校→43年11月，広島市立第一高等女学校→47年5月，新制二葉高等学校→48年4月，広島二葉高等学校→49年5月，広島県広島舟入高等学校。

5) 前掲『流燈』第二編，94-95頁。

6) 死者数は，資料によって異なる。平和大橋西詰の慰霊碑の説明碑には679柱とあるが，被爆40周年の1985年8月6日建立された「市女職員・生徒慰霊銘碑」に刻まれた676人を確定人数とした。

7) 眞田安夫「遺族会結成以後のこと」前掲『流燈』第一編，158頁。

8) 広島市市民局平和推進課「原爆関係の慰霊碑等の概要」（2016年2月）http://www.city.hiroshima.lg.jp/www/contents/1423129581186 が市内に現存する碑について地区，名称，建立年月日，所在地，碑文，追悼歌，建立者，建立経緯・来歴等について記載。黒川万千代編『原爆の碑―広島のこころ』（新日本出版社，1982）も現場に足を運んで写真つきで碑の解説をしているが，誤記もある。これらによると，第三国民学校の碑は，46年8月1日建立，碑表には「慰霊塔」とある。

9) 宇吹暁『ヒロシマ戦後史―被爆体験はどう受けとめられてきたか』岩波書店，2014，227頁。同書は，「被爆体験の展開」の章で，原爆慰霊碑，モニュメント，供養塔などの設立事情と背景を紹介，考察している。

10) 碑裏の「原爆」の文字と建立年月日が削り取られたことについて，修道学園編・発行『修道学園史』1978も，修道中学校・高等学校編・発行『流光　語り継ごう平和を　被爆50年』1995も触れていない。同校卒業生小野晃佑氏を通じて修道中学校・高等学校第18代校長畠眞實氏にも問い合わせたが，「削らされたという事実は聞いていない」という。

11) 前掲『流燈』第一編，154頁。

12) 湯川秀樹『科学と人間性』国立書院，1948，77頁。

13) 湯川秀樹「原子力随想」『湯川秀樹選集第3巻　論説篇　原子と人間』甲鳥書林，1955でも，原子力を「猛獣」と「家畜」に例え，原子爆弾という「猛獣」をならして「有用な家畜とするならば，人類全体が大きな恩恵を受ける」として「原子力の平和的利用」を挙げている。52頁。

14) 河内山賢祐（1900-1980）は山口県出身で，少女像の石膏レリーフは山口市小郡文化資料館が所蔵している。当初，レリーフの作品名は「婦人」だったが，市女慰霊碑の原型とわかって「女子学徒」と変更された。

15)「ヒロシマの反響と関係者の声」『中国新聞』1955.1.29，7面。

16)「結成宣言」は，「私たちの受難と復活が，新しい原子力時代に人類の生命と幸

福を守るとりでとして役立ちますならば，私たちは心から『生きていてよかった』
　　とよろこぶことができるでしょう」と結んでいる。
17）テッサ・モーリス−スズキ編『ひとびとの精神史　第2巻　朝鮮の戦争―1950
　　年代』岩波書店，2015，159頁。

＜付記＞
　オバマ米大統領の来日を前に，2016年5月22日付『朝日新聞』(3面)「日曜に想う」欄に福島申二編集委員の「『E＝MC^2』刻むパンドラの箱」が掲載された。日米両政府に核廃絶へ向けて揺るがぬ決意があるかどうかを問う内容で，前段に広島市立高女碑の由来に触れて次のように書いている。
　「(原爆の)惨状は伏せられ，直接的な表現は許されない時代だった。碑の原型をつくった彫刻家は京都に湯川秀樹博士を訪ねて原子力について教えを乞い，この式で原爆を象徴したと伝えられる。レリーフに込めたのは悲痛な祈りと慰め，そしてぎりぎりに抑えた怒りであったろう。清らかに昇華された碑と裏腹に，女生徒らの最期は無残をきわめた」。
　本稿で述べたように，説明碑には，原子力の平和利用を踏まえて少女たちは「人類文化発展の犠牲」となったと記されている。コラムの筆者はこれを読んでいないか，読んでも意味を把握していないのだろう。「清らかに昇華された」という美しい言葉で飾り，死者を美化することで，原爆被害の実相から目がそらされる恐れがある。巨大メディアとしての責任を自覚してほしい。

第五福竜丸のビキニ被災と母親大会・久保山すず

小和田美智子

はじめに

アメリカは1945年広島・長崎に原爆を投下し，1952年10月31日，エニウェトク環礁で最初の水爆実験を行った。一方ソ連も1953年8月12日に水爆実験に成功した。ここから米ソの熾烈な核軍拡競争に入った。

1953年12月8日，アイゼンハワー米大統領は国連総会で，「平和のための原子力」演説を行い，原子力平和利用の拡大や核軍縮の進展を名目として，国際原子力機関と原子力プールの創設を提案した。

1954年3月1日，アメリカは極秘の水爆実験をビキニ環礁で行った。水爆ブラボーは，広島型原爆の約1000倍の威力があった。ビキニ環礁の危険区域外で漁をしていた焼津の第五福竜丸（マグロ漁船）が，被ばくしたのである。アメリカは核実験「キャッスル作戦」を，5月までに計5回行い，日本の多数の漁船が被爆した。

第五福竜丸の乗組員23人の内5人は吉永村（現在，焼津市）出身で，彼らと同級生だった山田富久は署名運動を起こし，乗組員を励ました。初期は乗組み組員も原水爆に対する意見を述べたが，沈黙していく。無線長久保山愛吉は54年9月23日に死亡した。焼津婦人会員たちは，夫をなくしたすずを励まし，静岡母親大会・日本母親大会・原水爆禁止世界大会に出席するのを応援した。大場悦郎（静教組志太支部書記）はさまざまなことですずを支えた。一漁民の主婦だった愛吉妻すずが，大きく強くかわり，生涯原水爆反対を訴えるようにかわっていった軌跡を本稿では明らかにしたい。

本稿で使用する大場悦郎の資料は，焼津市歴史民俗資料館に寄贈されており，（大場No.）であらわす。また『静岡新聞』を『静岡』，『朝日新聞』を『朝日』，『郷

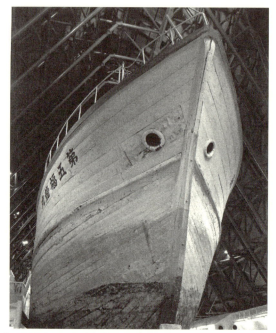
第五福竜丸　　写真提供：公益財団法人第五福竜丸平和協会

土新聞』を『郷土』,『婦人文化新聞』を『婦文』とあらわす。

1. 吉永村から始まった署名運動と「原子力の平和利用」

　1954年3月1日第五福竜丸は，危険水域・禁止区域の正確な範囲を知らされておらず被ばくした。3月14日早朝，焼津に帰港した。3月16日,『読売新聞』朝刊にスクープ記事,「邦人漁夫，ビキニ原爆実験に遭遇，二三名原爆病」が掲載された。

　アメリカの水爆実験による被ばくが発覚した。焼津の町は「汚染まぐろ」で大騒ぎになり，魚はまったく売れなくなった。乗組員たちは，焼津北病院に入院した。アメリカのコール原子力委員長は,「乗組員はスパイしていたと考えられる」と米国会で発言した。スパイ報道が出ると，市役所職員は家族に本人とあまり話さないようにいった。乗組員には箝口令がしかれ，警官を配置して

患者への接近を禁止した。県が許可しない調査団は、第五福竜丸船内への立ち入りを禁止された。焼津には、アメリカからの在日調査機関もやってきた。

吉永村の署名運動 焼津市議会はいち早く、3月27日に「原子兵器使用の禁止、原子力の平和利用」を、焼津市婦人会は4月25日、「一、原子力の実験並びに兵器としての使用禁止すること。一、原子力は、人類の幸福の為にのみ利用すべきであること」を決議した[1]。

「まだ死にたくない、おれはまだ若いのだ、と叫ぶ声」(『静岡』1954.3.19) の報道に接し山田富久は同級生有志会で署名運動をする決心をした。吉永村婦人会長友田てつに援助をお願いした。こうして吉永村婦人会と同級生有志会とが共同で、原水爆禁止を訴える「ビキニ被災についての村民の声署名(簿)」(5月9日付)を集めていった。村民の声の項目に、「村民の名をもって、原子力の平和利用を世界の世論に訴えたいと思います」と入れた。吉永村民は母の日に集まり、友田てつが署名簿を読み上げ、村当局の協賛の挨拶もあった。しかし米ソの冷戦下、山田らの署名運動は政治性を疑われ、さまざまな攻撃を受けた。風評を恐れた山田は、署名運動を5月31日で終わらせた。約2000人の署名簿は、焼津市第五福竜丸事件対策本部へ提出した。その内約1700人は婦人会扱いであった[2]。同じ頃東京の世田谷・杉並でも署名運動が始まっている。6月静岡県平和集会が焼津高校で開かれ、約300人が出席した。山田はここで、焼津市の承認をへて政府へ署名簿を送ること、写しをストックホルムの世界平和集会に送る、と報告した。焼津の人々は漁業への影響を深刻にとらえ、「原子力の平和利用」に関心を示さなかった。

日米の政府 こうした署名運動が展開していく中で、日米の政府はどう動いたか。日本は54年3月4日衆議院で、「原子炉製造補助費2億3500万円」を含む修正予算を可決した。米ソ核軍拡競争下でのアメリカの冷戦対策から、日本政府は「原発導入」に楫をきったのである。3月23日、米国防長官補佐官は、「日本で原子力の非軍事利用を進めるべきだ。原子炉の建設はどうであろうか」と、公文書ではじめて日本へ導入を促した。4月1日衆議院で、「原子力の国際管理と平和的利用、原子力の軍事使用禁止と原子爆弾実験の国際管理を実現する

ため，国連が有効な措置を講ずる」決議案を可決した。日米両政府は反米・反核運動の広がりを警戒したのだった。

 9月22日，焼津市水爆被害対策市民大会が行われた。「事件発生以来7か月，怒り頂点に達し市民大会」が開かれた。久保山愛吉の病状をよそに，ストローズ米原子力委員長は，「米国は今後も続いて，原水爆の実験を西太平洋に於いて実施する」旨の発言をした。日本政府はこれに協力する如き発表をし，焼津市民は怒りに怒る大会となった。第五福竜丸乗組員家族の平井久夫は，「原水爆の使用を禁止し，私達家族の納得のいく補償を早くしてもらいたい」と発言した。市民大会は次の決議文を採択した。「我等は人類の破滅を来す原子兵器の実験ならびに使用禁止の実現を切望すると共に，ビキニ環礁水爆実験が第五福竜丸乗組員をはじめ，地元焼津市民と全国に及ぼした損害の総てに対し，即時全額を補償するよう，茲に政府に責任ある処置を要求する」である（大場No. 22，『静岡』1954.9.23）。

 9月23日，第五福竜丸無線長の久保山愛吉は，国立東京第一病院で亡くなった。25日，焼津市民は外務省へ行き，水爆実験の禁止・補償・即時全額支払いの陳情を行った。

 10月12日，東京で行われた「久保山愛吉追悼全国漁民大会」で，近藤久一郎焼津漁協組合長は，「洋の東西，思想の何を問わず，人類を破滅に導く原水爆の使用を禁止し，明るく平和な海洋の再来を強く望む」と訴えた。1000人を越える出席があり，決議文をアメリカ大使館へ持参した（『静岡』2003.4.24）。

「原子力の平和利用」　愛吉死亡の直後，10月5日外相岡崎勝男は，「核実験場を別の場所へ移してほしい」と核実験継続を容認した。ビキニの被ばく・「汚染マグロ」の問題は，国民に広島・長崎を思い出させ，全国的な原水爆禁止運動に発展していった。アイゼンハワー政権は，「平和のための原子力」を対日心理戦略に利用しようとした。しかし日本では，「平和のための原子力」の促進が直接に，反核感情の緩和に結びつきにくかった。「原水爆の禁止を求める声が各方面から上がるなか，原水爆に反対するからこそ原子力の平和利用を望む，という観念が人々に受容されていった」[3]のである。

しかし，第五福竜丸のビキニ被災後1年を過ぎるころには，焼津の人々の関心は薄れ，乗組員と家族は疫病神といわれ，肩身の狭い思いでいた。「原子力の平和利用」の新聞記事が多くなり，米グッドマン博士は静岡にきて，「放射能を恐れるな。ドシドシ平和利用を」と発言した（『静岡』1955.3.8）。藪崎順太郎市議会議長は市議会で，福竜丸のことを忘れ去られることを危惧して，「その後の焼津はどうかと言いますならば，これは残念ながら平和運動に対する認識は極めて乏しい。ややもすればその反対の運動すら起こるのではないかという感すらある」[4]と発言した。

原水爆禁止署名運動　1955年5月9日，東京杉並区で「水爆禁止署名運動杉並協議会」が生まれ，約1か月間で約27万名が署名した。8月8日には，原水爆禁止署名運動全国協議会が発足した。

55年8月6，7，8日，「原水爆禁止世界大会」が広島で開かれた。日本全国から約2,000人，アメリカ・イギリス・フランスなどから約50人が参加した。焼津市は全市民とも原水爆に関しては，政党・派閥に関係なく反対の態度を持ち続け，広島大会に久保山すずをはじめ，7代表を送り出した。6日朝から市役所前で，婦人会，青年団，仏教会などが募金と原水爆禁止の署名運動を行った。斉藤焼津市長は，運動する者は誰であれ，原水爆は禁止されるべきものと署名した。港祭りを控えて入港した漁船乗組員達も赤銅色のたくましい腕に鉛筆を握って名前を書いた。夕方までにこの日1日で700名の署名が集まった（『静岡』1955.8.7）。第1回原水爆禁止世界大会で，署名数は約3238万名と発表された。静岡県では8月4日現在28万5366名，うち静岡県婦人団体連絡会が17万9423名である。この中に吉永村の署名は，含まれていない。

55年8月9，10，11日，第2回原水爆禁止世界大会が長崎で開かれた。第3分科会は「原子力平和利用と原水爆禁止について」をテーマに話し合われた。分科会の決議は次の5点である。1,研究は公開でおこなわなければならない。2,能力のあるものはすべてこの研究に参加できなければならない。3,他国の紐つきであってはならない。4,放射線に対する安全保障施設と健康管理が必要である。5,平和利用のために産業が進歩し，労働者の雇用が増し，社会の進

歩に貢献しなければならない（大場№ 155〜171 ）。

原子力平和利用博覧会　55年8月ジュネーブで「第1回原子力平和利用国際会議」が開かれた。アイゼンハワー大統領は日本の反核運動に懸念を表明し、平和利用名目であらたな「原子の火」をともすことで事態の沈静化をはかった。この会議で原爆症研究者（東大付属病院の見崎吉男らの主治医）である都築正男が、原爆投下や核実験の実態を踏まえ、放射線被曝がもたらす被害や海中放出された放射性物質の影響について発表しようとした。しかし米政府の意向により日本政府が発表を阻止したのである（『静岡』2014.4.13）。

　55年11月1日から東京の日比谷公園で、読売新聞社と米広報庁主催の「原子力平和利用博覧会」が開かれた。費用は一切米国もちだった。6週間に36万7669人を集めた。博覧会で原子力は「幸福の源」のように理想化された。国務大臣として原子力担当の正力松太郎は、「原子力開発への反対論がほとんどなくなったのでよかったとおもっている。（略）知識を広めるということは非常に大切だと思うし新聞の使命もそういうところにあると思うね」と述べている（『朝日』2011.11.7夕）。56年3月の広島では3週間で12万人が来場した。博覧会は55年11月から1年10か月で全国11都市を回り、270万人が来場した。大阪会場を訪れた米原子力委員会の幹部は「日本人の原子力エネルギーへの態度を目覚ましく変えた」と報告書に書いた（『朝日』2011.7.25）。

2. 乗組員・家族の原水爆に対する思い

焼津北病院　3月14日焼津に帰港した第五福竜丸乗組員2人が、東大付属病院に向かった。焼津北病院に収容された乗組員たちは、記者たちに心境を語った（『静岡』1954.3.19）。

　　見崎吉男（漁労長、28歳）乗組員や船元の他迷惑をかけた方々に対する責任は、一切自分が負わなければならない。申し訳のないことです。

　　安藤三郎（甲板員、28歳）命の不安。

　　鈴木慎三（甲板員、28歳）戦争というものを放棄しなければならない。恐ろしい兵器が平和な人類におよぼした被害、そしてその中の1人としてこ

う叫ぶだけだ。おれはまだ若いのだ。まだ死にたくない。

　久保山愛吉（無線長，39歳）自分の体はどうなってもいい。皆が早く全快してほしい。

　しかし乗組員たちには箝口令がしかれ，新聞などは心境を報道しなくなっていった。『静岡新聞』「読者のことば」欄に掲載された乗組員の妹の投書がある。これは被災直後の家族の思いをよくあらわしている。

　　私の兄さんは，第五福竜丸の船員です。ビキニ島において死の灰をかぶって帰ってまいりました。ただいま焼津北病院に静養中であります。病院に行きまして兄さんに会ってみますと，手や首を白い包帯で巻いており痛々しい姿でありました。話によると，死の不安の為に，しょんぼりよろけている人もいるとの事です。原爆，水爆の恐ろしさが，さまざまと目に浮かびます。再度の戦争が起こつたならば，広島型原爆の50倍の水爆を4つ落とせば，日本中の人々が火傷と放射線の害をうけるのではありませんか。原子力を平和のために，やくだたせることこそ私達の強い望みであり大きなつとめといえましょう。広島，長崎に続きまた今度のような事がおこり，私達は大いに考えなければなりません。Y市・一学生（『静岡』1954.3.25 夕）

東京での入院生活　3月28日乗組員たちは，国立東京第一病院と東大付属病院に分かれて入院した。そこへ東芝の社長からテレビが贈られた。ある日の番組で焼津の女性が，結婚相手に第五福竜丸の乗組員はどうかとインタビューされ，結婚したくないと答えていた。

　これを見ていた乗組員全員，とくに独身者はショックを受けた。婚約者に破棄を申し出た乗組員もいる。そうした中で，小学生・中学生からの手紙は非常に励みとなった。焼津中学校の生徒からの見舞い状を受けて，細根久雄（甲板員，18歳）は次のような礼状を出した。

　　自国防衛のための軍備であるなら，原子兵器の使用は必要ないと思います。世界の平和を乱し，人類を不幸にする原子兵器の使用と製造は絶対に禁止すべきだと思います。原子力も平和のために利用すれば，どれ程人類が幸福になり，また，文化が発展するでしょうか（『焼津中学校新聞』

1954・6，大場No. 51）。

　54年8月6日，3月末に入院して以来はじめて面会謝絶をとかれ，乗組員たちは病院に許可されて記者会見をもった。

　見崎吉男　とにかく，りくつなしに地球上から原水爆を消してもらいたい。それがわれわれのたった一つの希望です。補償についても，とにかく払ってほしい。政府ももう少し合理的で良心的な解決をするように努力してほしい。広島や長崎の本を読んでいたが，被害を受けてみて，これ以上はだれ一人，わたしたちのような目に遭わせたくない。

　久保山愛吉　水爆実験は中止してほしい。米国の補償がまだはっきりしないが，家族を養う途を失った現在，焼津を発つ時に約束した漁業組合からの貸付金2万円の線はどうしても守ってほしい（『静岡』1954.8.6）。

　乗組員にとって，生活の補償は切実であった。独身者は結婚問題が切実であった。いずれも真っ先に強く訴えたのは，「原水爆の禁止」だった（『朝日』1954.8.6）。岡崎外相の水爆実験協力の声明は，乗組員たちを無性に怒らせた。「あの日から満九年終戦記念日に訴える」の記事，山本・安藤・見崎の手記が，新聞社に寄せられた。抜粋する。

　山本忠司（機関長，27歳）原水爆は広島・長崎の人達と私達のような悲劇を生んだ。この事実に目覆い，耳ふさぎ，口つぐむなら，次の被害はあなたをも含めた全人類かも知れない。私はこのような悲劇が再び繰り返されることなく，平和な社会が築かれるよう努力する世界の良心を信じている。

　安藤三郎　岡崎外相の「水爆実験協力」の言明は私達を無性に怒らせた。広島・長崎の原爆襲撃で終戦となってから9年，今度は太平洋の真中での水爆実験で被災した病床でこの日を迎えるとは，何という不幸だろうか。水爆の恐ろしい兵器の実験を行うものにたいし強く抗議すると共に再び水爆実験を地上から無くす為手をとり合って運動するよう世界の人々に訴えたい。

　見崎吉男　最近伝えられたアメリカ広島原爆投下者たちの「与えられた任務を完全に遂行出来た事は喜んでいる」とか「あれより千倍も恐ろしい水爆を落とす必要に迫られたとしても，何の良心のかしゃくも感じないだろう」

と言うことばとともに，アメリカとアメリカ人の考えがますます判らなくなってくる。九度めぐる終戦記念日を東大の病床で迎える私は全世界の人々につぎのように訴えたい。善良な人間の息の根をとめるような破壊力を有する原水爆は，理くつ抜きに地球からまっ殺しなければならなかった（『静岡』1954.8.15）。

　久保山愛吉の手記も静岡新聞社に届けられている。『静岡新聞』（1954.8.31）や『中央公論』（1954年11月号）に一部分が，『第五福竜丸事件』[5]に全文が掲載されている。「入院3ヵ月私は特に感じた事は原水爆使用を禁ずべきだと思います」「石器から銅へ銅から鉄へそして今，原子の時代が来たのですが，使用法によっては善にも悪にもなる原子エネルギーは人類破滅に使用する事を禁じてほしい。私は身をもって味わって居る。この不安と苦痛をこの上皆様に味あわしたくない」と強調した。

　すずの「手記」　愛吉は8月30日夕刻から病状が悪化し，重体になった。うわごとで原水爆をなくせ，アメリカからの補償がどうなったかといい，乗組員たちのことを心配していた。いっとき峠を越えたとき，愛吉妻すずは，新聞社の取材に応じ手記を記した。よけいなことはいわないように夫愛吉から言われていたすずが，はじめて公に語った。

　　広島・長崎に投下された原爆で人類最初の被害を受けた日本国民は，ビキニの水爆実験で今あったことに三度「死の灰」は福竜丸の上に降ってきたのです。そのいけにえとなった日本人8千万人は決然と原水爆の実験に猛反対をとなえなければならないと思います。それが自分を幸福にし，世界を平和にする道であると思います。「水爆は無限大の威力を持つ」と学者は言っております。この世界の人類は，水爆実験によって戦わずして滅亡することも考えられるのです。私たちは夫を原水爆実験のモルモットに使ったアメリカ政府の非人道にたいして，限りない憤怒を禁じえません。そして国民全体が原水爆実験に反対しているのに岡崎外相は民主主義を無視して，「米国の太平洋における原水爆実験に協力する」と答えているのです。これこそ民主主義を知らないキチガイだとしか思えません。

補償については，被害を受けてから六ヶ月も経過しているのに，なんの音沙汰もありません。外務省当局は本腰を入れて，米国に交渉したことがあるのでしょうか。対外関係が困難なことは重々承知しておりますが，私たちは働き手をとられてどうして生きて行けましょう。職場から毎月生活費をいただいておりますが，人間の本能として自活できることを望んでいるのです。もしあのときこのような被害を受けなかったら，たとえ貧しい生活でも親子そろってたのしく暮らすことができたんだとおもうと米国の仕打ちが憎らしくてなりません。それなのに今夫は，故郷を遠くはなれた東京の病院に身を横たえ，「生」への望みをかけて闘っているのです。

私たちの願いは乗組員全員が無事退院できること，一日も早く補償問題が解決して一家が自活できることです（『静岡』1954.9.15）。

乗組員の家族は東京に見舞いに行く旅費も借金し，生活費に事欠いていた。愛吉は意識混濁のなかで，「補償はどうなんだ」といいながら，9月23日息を引き取った。すずは愛吉の遺言を，しっかり受け止めた。

3. 漁師の暮らし

焼津の町は「未亡人」が大勢いる。戦時下の徴用船の乗組員だった夫を失った人，海難で夫を失った人が多い。保障も何もなかった。船員保険による遺族年金や軍人恩給だけではやっていけず，暮らしに困っていた。また封建的な一船一家主義の構造の中に，しばりつけられていた。

おりづる会調査 こうした漁師の特殊性をつかむため，高校生グループおりづる会は漁師の妻100人にたいして，アンケート調査を行った。結果は「焼津における漁師の婦人の生活」として，54年8月に発行した。

大漁のときはいいが，釣れなければビタ1文手に入らない。収入は歩合制で，一般的漁師の収入は5,6000円である。しかし「この2月から4月まで，たった5000円しか入らない」と7，8人家族のおかみさんがいっていた。質屋に行き，計画のたてられないその日暮らしの生活を送る。「焼津の質屋には漁師の女の着物が大部分ですよ」という。借金と内職でなんとかしのいでいる。子ど

もの将来も，長男は親の商売を継ぐことは当然と考え，子どもの代まで同じ船元に仕えることが忠実であると考える人もいる。原水爆に反対は91パーセントいる。しかし漁師の妻たちの平和運動に対する関心は，大変うすい。読書やあらゆる文化面からはなれている。

23人の乗組員と家族155人は，船主・漁協からの見舞い金と漁協からの立て替え金と全国からの見舞い金とでしのいでいた。「福竜丸が原爆を積んできたお陰で……」とか「えらいものを背負ってきたものだから……」という市民からの言葉に，肩身の狭い思いをしやりきれない生活を送っていく（『朝日』1954.4.13）。

アメリカから何の保障も払われていないことに対して焼津の市民は怒り，54年9月22日市民大会を開いたが，翌23日愛吉が死亡した。9月29日，第五福竜丸乗組員の慰謝料，被害漁船損害の補償が決定した。すずには，23人乗組員慰謝料50万円，死亡慰謝料500万円，見舞い金100万円，合計650万円が支払われることになつた。するとすずへの羨望と嫉妬の嵐が巻き起こった。すずは「お金は何も欲しくありません。夫愛吉を返して下さい」とくり返し述べ憔悴していった。

2回目調査　おりづる会は10月にも調査を行い，「久保山さんの死と焼津市民」としてまとめた。対象は150人で，結果が『静岡新聞』（1954.12.13）に全文掲載された。原水爆に対しては全員が反対である。愛吉の死亡については，650万円の補償・弔慰金問題で半数以上の人が羨望の意見を述べた。愛吉が死んで，あれだけの待遇と補償を受けたことをどう思うかの質問にたいして，金にかえられないが多すぎた（50人），広島・長崎の人や戦争犠牲者に対して不公平だ（35人），政府の態度は消極的（106人）でアメリカは非同情的である（82人）と回答した。漁師が一生かかって働いても，その何分の一にも達しない（漁・女・34歳）。平和集会（原爆禁止の市民大会など）に参加したのは16人のみで，行くと物好きだと人から思われる（漁・婦人・51歳），女がそんなところへ行っても仕方ない（漁・婦人・35歳）と述べている。

11月4日，すずは義兄幸多郎と650万円の弔慰金などの使途について，知

事と話し合うために県庁に行った。知事は「3人の遺児を抱えてまず生活設計を至急たてることが急務であり，働いて食べるという勤労意欲をもつことだ」と戒めた。

翌年1月4日，米国は日本に法的責任のない「慰謝料」として，200万ドルを支払うとの内容で政治決着をつけた。おりづる会は第3回目の調査を55年4月に行った。民科静岡支部経済部会と合同で，64戸を訪問した。結果は『国民と科学』に掲載された（大場No.92〜96）。

収入は，漁業益金を船主と船中で4分6分（5分5分），船中を船元（経営者）と船子で分配する。一船一家の思想で，普通お盆のときと年末の2回（年4回もある），それ以外は内渡し（前借り）の形で支払われる。妻たちの内職（工場勤めも含む）のほうが漁師の収入よりずっと大きい。

57パーセントの人が「保障はない」と答えた。魚が捕れないときの収入の保障は，いちおう定額が船員手帳に記されていても，実際は無視されている。最低の保障をと70パーセントの人が望んでいるが，船には船元の親戚・縁者が乗っている。船元にたいする気兼ねから，不満をいえない。ビキニ水爆実験によって大半が影響があったと答え，歩合制のもと，魚価の値下がりはただちに収入の減少，つまり賃金切り下げとなっているのである。

帰省中の患者を囲む座談会が3月に行われた。この折すずは「世間の人は暖かい人も冷たい人もありますが，この間知らない肉屋さんへ行ったら，『死んだ久保山さんは気の毒だが，残った人たちはのんきだろうね』と話しかけられて……。直接いわれたのは初めてなんです。金をかしてくれと書いてくる人もあるし，それにいまでもはでにちやほやされると思われることがつらい」と語った（『中央日本』1955.3.13）。

すずの元には脅迫状のようなのが相当届いていた。第五福竜丸の乗組員やすずへの激しい羨望・嫉妬の背景には，こうした漁師や家族の生活実態があったのである。

4. 久保山すずと母親大会

　すずは 1921（大正 10）年，静岡県志太郡岡部町で生まれた。弟 3 人と妹 1 人の農家の長女である。村でも評判の働き者の一家で，父親は家の仕事をよく手伝ってくれるすずをかわいがった。母親は姑に気をつかい言葉ひとつ返すことなく，すずにこの上なくやさしい母であった。43 年（昭和 18）年船元の紹介で，第五福竜丸の無線長久保山愛吉（大正 3 年生，28 歳）と結婚した（21 歳）。愛吉は 3 人の娘をとてもかわいがり，花や果樹を育てた。すずの弟妹にもよくしてくれる夫だった[6]。

　54 年は 1 月 15 日に帰港して 1 週間家で過ごし，1 月 22 日に出港した。3 月 14 日に帰ってきた愛吉は，どす黒い顔になっていた。病院から帰り，愛吉はすずに「広島・長崎と同じだよ」というと，すずは「本当！」といって泣き出した。

　愛吉が焼津北病院から国立東京第一病院に転院すると，月 2 回は見舞いに行き，間に手紙を出した。愛吉は子どもたちにも頻繁に手紙を書いた。8 月 30 日愛吉は危篤状態になり峠を越えたとき，すずは新聞社の取材に応じ，愛吉の思いを代弁した。

　9 月 22 日の水爆被害対策市民大会では，事件発生以来なにもいってこないアメリカに市民が怒りを向けた。焼津市連合婦人会長の中野志づは，「原子力は人類の幸福のために使用すべきである。アメリカはどれだけこの問題に誠意を示してくれたか。善良な市民は原水爆の恐怖におののいている」と発言した。翌日愛吉は死亡した。

　25 日，愛吉の遺骨を約 1000 人の人が出迎えた。10 月 9 日，県漁民葬が焼津市公会堂で行なわれ，約 3000 人が参列した。これらも嫉妬の対象となった。すずは「650 万円の慰謝料は，いま県に預かってもらっています」「あのお金には手をつける気がしません」（『静岡』1955.3.1）とくり返した。

　愛吉死後 1 か月後の 10 月 23 日，日本婦人有権者同盟の副会長渡辺慶子がすず宅を訪れた。「弔慰金にかえられない夫　悲しみでいっぱいです」と泣くす

ずに，斉藤は「私どもは御主人の死を無駄にせず婦人同士が手をつなぎ合ってゆきたい」「第一の犠牲になられた奥様が先頭に立って頂き社会，国家，世界の問題として解決してゆきたい」と励ました（『婦文』1954.10.25）。

　12月17日，日本婦人平和協会静岡支部会員広瀬よし子，斉藤淑子，佐竹美恵子の3人がすずを訪ね，聖書で励ますと，すずは，「焼津は間接的に多大な被害を被っていますので，その賠償も何等されておらず，そんな点からも世間をひがませて私達を冷たい目でみるのではないでしょうか」とこたえた。会員たちは，大きな気持ちを持たれ，世間の冷たい言葉は受け流し，明るい気持ちで子どもさんを育てて下さいといい，花束と子どもへのみやげを渡した（『婦文』1954.12.25）。

　55年1月16日，原水爆禁止署名運動全国協議会の代表者会議が東京・国鉄労働会館で開かれ，すずははじめて公の席にでた。他の被災者家族3人と出席した[7]。2月25日，静岡市西草深の救世軍静岡少年隊会館で世界祈祷日が営まれた。教会員，婦人平和教会員，キリスト教婦人矯風会員などが集まった。この会場に，昨年暮れに広瀬よし子がすず宅を訪問したことから，すずも出席し世界平和の祈りを共にした（『婦文』1955・3・5）。

　静岡母親大会　54年11月，ベルリンで開かれた国際民主婦人連盟の執行局会議に，日本の婦人団体連合会長平塚らいてうらの「全世界の婦人にあてた日本婦人の訴え―原水爆の製造，実験，使用禁止のために―」が提出された。執行局会議は「子どもを守り，戦争に反対し，軍縮と諸国民の友好のために話し合う婦人の集まり，それは母親の集まりだ」として世界母親大会を開くことにし，アピールを出した[8]。世界母親大会への代表派遣の前に，日本母親大会を開くことになった。日本母親大会のよびかけ「日本のお母さん方へのアピール」が，浜岡町新野村婦人会など静岡県の婦人会などに届き[9]，日本母親大会の前に，静岡母親大会を開催することになる。

　すずに静岡母親大会に参加してもらいたいという多くの意見が準備会に寄せられた。しかし3人の娘を抱え，悲しみと妬みですずはうちひしがれていた。ましてや人前で話したこともない。世話人たちは，すずの立場を考え，婦人会，

漁協組合長，本家の許可を得てすずと会った。焼津婦人会，県教祖志太支部大場悦郎，同婦人部利波多美らの励ましによって，すずは出席を受諾した。

5月29日静岡母親大会が安東小学校で約350人の参加者で開かれた[10]。すずは震えながら愛吉の「原水爆の被害者は，俺たちを最後にしてほしい」という遺言を述べた。県母親大会の発言は11項目にまとめられ，「平和をのぞみ原水爆禁止と実験の禁止」が入れられた。県母親大会からすずは，日本母親大会の代表に選ばれた（『静岡』1955.5.30）。

55年6月7，8，9日第1回日本母親大会が東京豊島公会堂で開かれた。夫の最期の声，原水爆を止めて欲しい，犠牲者は一人でたくさん，戦争をやめて下さい，原子兵器をやめて下さい，というやつれきったすずの訴えは，涙と感動を会場に巻き起こした（大場No.103）。13項目の決議の中に，「11，原爆被害者の実情を世界に訴え被害者を守るために，力を合わせましょう。12，原子戦争準備反対の運動をさらにひろめ，原水爆禁止世界大会を成功させましょう」[11]が入った。

世界母親大会　すずは日本母親大会の席上，丸岡秀子から世界母親大会の代表として推薦したいといわれた。すずは幼い子どももいるし，そんな外国までは行けないと断った。しかし新聞に「久保山未亡人も立候補　世界母親大会の代表者」（『静岡』1955.6.9）と書かれ，すずは非常に傷ついた。「ロボットになりたくない。夫の死でもう沢山」（『中央日本』1955.6.12），とすずは深刻に悩んだ。以下の文は，このときのすずの気持ちをいいあらわしている。

　　母親大会にも県教祖土屋婦人部長にいわれて10分ばかり水爆禁止を訴えました。初の犠牲者だから平和運動の先頭にたてといわれれば，私は，どんな苦しみもいといません。しかし出かけるのには幼い子供らを預けて行かなければならず，農繁期でネコの手も借りたいようなとき頼みに行くのはつらいことだし，いままで人前で話したことなどない私には，他の人が想像するよりずっと苦しいことです。それに出席するよう婦人会の幹部の人たちからいわれても，一般の婦人会員はほとんど知らないし，何か宙に浮いたロボットのような気がして，本当に平和のためにの役にたつのだ

ろうかと疑問におもうことがあります。もっと下から盛り上るものだったらと思います。

6月12日，日本母親大会静岡地区報告会が静岡市の労働会館に，約400人が集まって開かれた。すずは，私にとって一番欲しいものは夫の命であるが，帰って来ないものを望んでも仕方なく，その変わりに原水爆の使用を絶対やめて欲しい，と訴えた。会場は,怒りの涙とすずを激励する拍手でどよめいた(『婦文』1955・6・15)。そこで世界母親大会に久保山すずを代表として推薦し，断るすずを励ますために焼津でも報告会を行うことを申し合わせた。こうして焼津市の教組婦人部と，地域婦人会や未亡人会の母親たちとつながりができた。

15日には日本婦人団体事務局長の鈴木きぬと東京都黒門小学校PTA藤原幸子らがすず宅を訪れた。すずが世界大会に出席することの重要性を説明したが，すずは正直疲れている，3人の子どもを抱え長期間の出席は苦しい，親族も辞退の意見が強い，といって確答しなかった。16日焼津市婦人連合会長中野志づ方に，焼津支部婦人会長藪崎けい，県教祖志太支部書記長大場悦郎らが集まり，すずを交えて話し合った。すずから正式に辞退の意思が表明され，この旨を鈴木きぬらに伝えた(『静岡』1955.6.17)。すずのもとには，全国から要請の電報や手紙が届いた。

6月27日，日本母親大会参加者の菊川町の原田美代らは，再度，中野志づたちを訪ねて相談した。翌日に浜当目漁業会で，日本母親大会の報告を兼ねて，浜当目の人々に理解と協力を訴えることにした。当日夜，婦人会，(戦争)未亡人会，母の会をはじめ地元の女性たち約70人が集まり，熱心に話し合った。広島で2人の子どもと夫を亡くした母親が「久保山さん，ぜひ世界中の人たちに原水爆の犠牲を被った私たちの様子を知らせてきて下さい」と発言した。ここでもう一度すずに再考を促すことになり，その日のうちにすずに伝えられた。

29日午前，愛吉の兄久保山幸多郎宅に親族が集まった。すずは兄に，世界大会に出席しない意志を伝えた。午後，兄は浜当目婦人会副会長の江里はる宅へ行き，すずの固い意志を伝えた。そこには焼津婦人会長中野志づ，焼津地区婦人会長藪崎けい，浜当目区長松本竹治郎，地元役員などが集まっていた。婦

人会は，日本婦人団体事務局にすずは行かないことを伝えた。そのかわりすずは，世界母親大会へメッセージを送った。

　世界母親大会の開催地はパリからジュネーブにかわり，7月7日から10日まで開かれた。主催者のコットン夫人は挨拶のなかで原子力の平和利用について述べ，宣言は「私たちは，原子兵器使用を考えることさえ戦りつをもって拒絶します。私たちは，その使用禁止と破棄を要求し，原子力が平和的利用にのみ使用されることを望みます」と述べた[12]。ちなみに日本母親大会アピールは，原子力の平和利用については言及していない。世界母親大会の2, 3週間後には，原子力エネルギーの「平和的利用」にかんするジュネーブ会議が行われようとしていた。

原水爆禁止世界大会　世界母親大会をすずが辞退しなければならなかった，周囲の声なき圧力は大きかった。それに対し志太教組は，「久保山さんがきがねなく生活ができたり，安心して，これからの平和大会などに出席できるようにすることが，同じ母としての立場や，教師としての女性の務めでり，私たち婦人部の運動の焦点もそこになければならない。そして，その運動は，広く地域の母親と手を結ぶということの基盤の上につくり出されてゆくべきものである」と考えた。7月16日，日本母親大会報告会の準備会が焼津市役所で行われた。焼津市連合婦人会，焼津市各地区婦人会，焼津市未亡人会，静教組志太支部婦人部などが集まった。

　7月24日，焼津市立西焼津小学校で焼津市連合婦人会主催で母親大会報告会が行われ，約600人が集まった。福竜会（第五福竜丸乗組員の会）も15人出席した。途中かけつけたすずは，壇上に上がって，夫が被災から入院，死後から今日までの同情や激励に対しての謝意を述べた。そして「夫の遺志を受け継いで，声の続くかぎり，原水爆の禁止を叫び続けます」[13]と強い意志を語った。すずは緊急動議で，原水禁広島大会の代表に選ばれた。

　すずは原水爆禁止世界大会に特別招待された。義母しゅんが同行し，すずを励ました。8月6日，原水爆禁止世界大会第1日，水爆のため夫を失った悲しみをこめて原水爆禁止を訴え，内外出席者に大きな感動を与えた（『静岡』

1955.8.7)。その後すずは広島市内を見て回ったとき，なんの援助もなく放置されている広島の被爆者の激しい怒りにふれた。「私はもっと強くならねば」と思った。愛吉の一周忌を迎えるころ，すずへの理解が進み，嫉妬の声も聞かれなくなっていた。全国からの手紙や隣人のなぐさめで，見違えるように生気を取り戻した（『朝日』1955.9.22）。

　55年9月ローザンヌの世界母親大会実行委員会から，国連総会で原水爆禁止を訴える代表にすずをという要請がきた。日本母親大会準備会ではすずの国連出席を決め，再三訪れて出席を要請した。焼津婦人会長中野志づ，区長，志太教組，小学校長，子どもの担任，愛吉兄などの励ましによって，11月17日にすずは出席する決心をした（『郷土』1956.11.25）。しかしビザがおりなかった。57年12月26日から58年1月1日，カイロで行われた第1回アジア・アフリカ諸国人民連帯会議に出席した。本会議ですずは発言を予定していたが，日本政府の意向をくんだ代表団の内部のなかから，発言を封じられた。すずは宿舎のホテルロビーに急遽つくられた会見場で，夢中になって発言した。64年には3・1ビキニデー前夜の墓前祭をめぐる分裂騒ぎに巻き込まれ，すずの平和運動の足はおもくなった。すずはこれまで見舞い金には手をつけず，缶詰工場で働いてきている。娘の結婚問題がおきると，大勢の前に出るのを極力避けた。しかし，愛吉の死をいたむすべての人に感謝して接していく。

　84年2月下旬ころすずが墓掃除をしていると，墓参りの女性から，「すずさん，あんたっちの運動が子ども，孫をまもっている」と声をかけられた。そのうちに孫の学校からビキニの話を依頼されるようになり，小学生・中学生に進んで話すようになっていった。孫たちの幸せな未来のために，夫の遺志をいっそう多くの人に伝えたい。すずは自分の言葉で，語り部として生きる決心をしたのである。

おわりに

　1981年3・1ビキニデーの集会が統一され，すずは「永年のご努力がみのって，とうとう名実ともに全国の皆様の統一した大会が実現したことを，心から嬉し

く存じます」とメッセージをよせた[14]。86年には焼津市の平和集会（6月30日）などが行われるようになり，焼津の人々は第五福竜丸のビキニ被災を忘れることはなかった。乗組員たちは第五福竜丸の乗組員だったことを隠し，癌などの不安を抑え，必死に仕事を捜して生きていった（現在，大石又七氏のみ存命）。焼津に残った見崎吉男（漁労長）は，つねに久保山すずのことを気にかけて支えた。すずは3・1ビキニデー集会に毎年メッセージやことづけを託した。「それは人々に限りない励ましを与えるとともに，運動の指針にもなった」という。

　一漁師の妻だったすずの周りで，焼津市連合婦人会長中野志づや藪崎けい，静教組志太支部大場悦郎をはじめとして女教師たち，婦人矯風会などの女性団体などの支援をうけてすずは大きくかわっていった。県教組婦人部長の土屋鼎は，「日本母親大会・世界母親大会・広島大会などの経験をふんで，勇気づけられた母親は，もう黙ってはいられませんと立ちあがった」と述べている。第1回日本母親大会の報告会は100以上を越え，とくに三島・沼津・静岡・焼津・島田・掛川・浜松などが活発だった（『婦文』1955.12.15）。女性たちのさまざまな運動が巻き起こり，発展していったのである。

　静岡県では，1960年代に原発設置の問題が起きた。67年7月，浜岡原子力発電所設置計画が報道され，原子力の平和利用として宣伝された。町内・隣接町まで衝撃が走った。榛南4町，9漁協の漁民900人が集まる（『郷土』1967.8.13）。相良漁協婦人部は68年の第14回母親大会で「家族ぐるみで原発反対をしている」と発言した[15]。

　67年6月には浜岡町開発設置委員会が設置され，町内会長や婦人会などが入った。反対運動の中心が，御前崎を中心とした漁業者や漁協で「御前崎次第」[16]であり，ビキニ被災時のように漁民とさまざまな女性団体が連携した原水禁運動と異なり，漁民家族と婦人会などが手をつなぐことができなかったことも浜岡原子力発電所がつくられた原因の1つであった。福島第1原発事故後，当時の菅首相は5月，浜岡原子力発電所の稼働停止を中部電力に要請した（『静岡』2011.5.7）。現在，浜岡原子力発電所の廃炉を要求する訴訟が継続中であり，県

内60以上の団体が脱原発運動を行っている。

　ビキニ被災は，二重の意味で戦後日本の「非核」政策の原型をかたどる歴史的転換点だった。第1に，米国の「核の傘」に依存しながら被爆国として核廃絶を訴える二面的な外交政策。第2に，原子力の軍事利用と民生利用をはっきり区別し，原発導入を促進していった原子力政策であったのである（『静岡』2014.4.13）。

注
1)　『広報やいづ』26号，1954.5.10。
2)　飯塚利弘『私たちの平和教育　「第五福竜丸」・「3・1ビキニ」を教える』民衆社，1977，235頁。
3)　「年報日本現代史」編集委員会編『ビキニ事件の現代史』現代史料出版，2014，21頁。
4)　『焼津市史』資料編四，近現代，焼津市，2003，1023頁。
5)　「第五福竜丸事件」編集委員会編『第五福竜丸事件』焼津市，1976，180頁。
6)　飯塚利弘『死の灰を越えて　久保山すずさんの道』かもがわ出版，1993，63頁。
7)　枝村三郎『水爆と第五福竜丸』2014，169頁。
8)　『日本母親大会50年のあゆみ』編集委員会編『日本母親大会50年のあゆみ』日本母親大会連絡会，2009。千野陽一編『資料集成　現代日本女性の主体形成』第三巻，ドメス出版，1996，152頁。
9)　『浜岡町史』通史編，御前崎市，2011，1126頁。
10)　静岡母親大会・日本母親大会への準備会などについては，勝又千代子「静岡県の初期母親運動の記録」（『静岡の女たち』第7集，2005）に詳しい。
11)　千野陽一編，前掲資料集157頁。
12)　同上，168頁。
13)　静岡県教職員組合志太支部婦人部第六班『第六部会第二分科会報告書—母親と手を結ぶ女教師—』1995。
14)　1981年3・1ビキニデー全国集会静岡県実行委員会編『一九八一年三・一全国集会（三・一ビキニデー）の記録』1981。
15)　静岡県母親大会50年史編集委員会編『静岡県母親運動50年のあゆみ』2012，38頁。
16)　前掲『浜岡町史』1094頁。

被ばくと男性
―ビキニ被爆者・大石又七の軌跡―

石崎昇子

はじめに

　女性たちの反核の実践と思想を考える時，女性はいのちの連関に責任を持つ産む性ゆえ，将来の結婚や妊娠・出産時の核への不安や恐怖は男性より強いとされる[1]。だが，放射能被ばくが与える将来の結婚や妊娠への不安は女性のみではない。福島第一原発事故直後の3月15日には放射能の強い場所で事故処理にあたった若い自衛隊員が将来の男性不妊への不安を吐き出した[2]。ヒロシマ・ナガサキ被爆後，日米合同原爆傷害調査委員会（ABCC）が1948-53年の調査においては被爆者に遺伝的影響はなかったと大々的に宣伝した[3]。そして，それ以降も遺伝的影響を否定し続けたにもかかわらず，放射能が子どもや若い男女に遺伝的影響を与えるのではないかとの不安は人々の間に強く潜在しているのである。

　1960年代にはヒロシマの被爆で一時性的不能になった男性の映画も上映され[4]，被爆による一時的男性不妊の可能性が広く知られるようになった。1970年代には自ら原子力発電所の作業員となり被曝の現実『原発ジプシー』を書いたルポライターが，男性作業員は放射能の遺伝的影響への恐怖を常に持つことを明らかにした[5]。一方，政府や電力会社は「原子力発電は安全」という教育・宣伝を広く行い，そこで働く人々も表向きは「安全を信じている」[6]とされる。だが，原発事故後すぐに『原発ジプシー』の増補版が出され，チェルノブイリ原発事故における事故処理作業員の一時的不妊症や機能傷害について大部の『調査報告』[7]が翻訳出版されたのは，「性としての男性」にも放射能の遺伝的影響への潜在的恐怖と不安がひろく存在していることを示すだろう。

　放射能の遺伝的影響との関連から，被ばくと「性としての男性」を考えよう

とする時，男性だけが被爆した事件として 1954 年 3 月 1 日のビキニ事件が想起される。太平洋のマーシャル諸島ビキニ環礁においてアメリカが行った水爆実験により厚生省調査で日本の延べ約 992 隻のマグロ漁船[8]，約 2 万人といわれる男性乗組員の被爆である。マーシャル諸島の住民たちの被爆はさらに大きい。

　ビキニ環礁で被爆したマグロ漁船のひとつでビキニ事件の象徴ともなった第五福竜丸，その乗組員として 20 歳で被爆した大石又七は，1980 年代から今日にいたるまで被爆当事者として放射能が人体に与える影響への不安と恐怖を社会や若者に訴え続けている人物である。大石は，中学生や高校生に被爆の経験を語るなかで報道機関やジャーナリズム関係者と交流し，それらの人々の助力もあって被爆体験やその後の生活，そして反核の思想や実践過程を 5 冊の著書や「聞き書き」や「対談」に残している。これらの著書[9] や聞き書きや対談，全国各地の中学生や市民に向けに行った講演会の記録[10]等を史料としてビキニ被爆者大石又七の生の軌跡をたどると，大石の反核の活動の根底には，第一子の奇形児死産という妻にさえ言えない過酷な体験に対するやり場のない怒りと悔しさが潜んでいたことに気づかされる。

　20 歳の独身男性として被爆を体験した大石又七の生の軌跡を追い，被ばくと「性としての男性」について考えたい。その際，本稿では大石又七氏の使用に基づいて，原子爆弾・水素爆弾による放射能被害を被爆と記す。そして，原発事故などで放射能をあびることを被曝，両者を合わせたものを被ばくと表記する。

1. 反核活動を始めるまで

（1）生い立ち，被爆，結婚まで

　1934 年 1 月に静岡県榛原郡吉田町に生まれた大石又七は，父が死亡したため新制中学校を 2 年で中退して 14 歳で漁師になった。いくつかの漁船に乗ったのち，1954 年 1 月 22 日からは焼津港所属のマグロ漁船第五福竜丸に乗り，ビキニ環礁でアメリカが繰り返していた水爆実験で被爆した 3 月 1 日は 20 歳

になって間もなくだった。

　漁を止めて，3月14日の午前5時50分母港焼津に帰港した第五福竜丸乗組員たち23人は全員が急性放射能症とされ，3月28日に大石は無線長久保山愛吉ら乗組員22人とともに飛行機で東京に運ばれた。大石は国立東京第一病院に他の15人とともに入院し，まとめ役の久保山と同室に入った。あとの7人は東京大学医学部附属病院（通称　東大病院）に入院した。

　大石は同年4月末には白血球が減り，発熱，下痢，鼻血とともに内臓の出血もあり，それへの治療の過程で「放射線の影響をいちばん受けやすい生殖細胞は，数百に減った者や，無精子の者も出てきた」[11]ことを知らされる。乗組員の様態は新聞などで報道されたが，そこには「乗組員は，将来子どもを持つことはできないだろう」[12]との新聞記事もあった。ヒロシマ・ナガサキへの原爆投下から9年，放射能を浴びた者には染色体異常がおこり，奇形児が生まれる確率が高いと新聞などで流布され，それらは被爆者や被爆二世を差別する社会意識となりつつあった。

　病院の別棟に入院していた東芝の社長から病室に贈られたテレビを見ていると，「その後の焼津」という番組で「第五福竜丸の乗組員から結婚してくれと言われたらどうしますか」という質問に，若い娘が「あんな人たちとの結婚，とんでもない」と答えていた。その言葉が大石の胸につきささる[13]。第五福竜丸乗組員ですでに婚約者のいた24歳の吉田勝雄も，当時，「その言葉が一番心にひっかかった」[14]と言う。第五福竜丸には若く独身の乗組員も多かった。同じ思いをした男性は他にもあったろう[15]。

　1954年9月23日，同じ病室の久保山愛吉が放射能に全身を侵され酷い苦しみのなかで死亡した。40歳だった。久保山の死を真近でみた大石も自らの死への不安の強まりとともに，被爆者から生まれる子どもにも放射能は影響するという風評も心を離れない。1955年1月9日にラジオニュースが，胎児の時にヒロシマで被爆し9歳となった男子が元気だったのに突然鼻や耳が出血して死亡したことを伝えた。それを聞いた大石は「ドキッと」し[16]，被爆した者の子は元気に生まれたとしても将来病気になりやすく死亡するのかと思う。

(2) 第一子誕生

1955年5月，乗組員たちは将来の不安を抱えながら1年2か月の入院をおえて退院した。大石も故郷の家に帰ったが漁師を続ける体力は奪われていた。アメリカと日本政府によるビキニ被爆の幕引きにされた見舞金をもらうと，「他の被災船員からのねたみがおこる原因をつくり，返すあてのない借金の肩代わり話を持ち込まれるように」[17]なり，故郷に居づらくなった。大石は東京で生きていこうと翌1955年に上京し，2年間の修業ののち大田区にクリーニング店を開く。

大石の店は順調にいったが，自分から結婚相手を探す勇気も自信もなく過ごしていた。入院中にテレビで見た「あんな人たちとは絶対結婚しない」という言葉が胸に突き刺さっていた[18]。被爆者への偏見と差別の社会意識を大石も内面化していたのである。同僚の吉田勝雄が1958年に乗組員の中で最初に子どもを得たが，当時は世間の耳目を集めた。吉田自身も子を産むことには「勇気が要った」[19]と語っている。前年の1957年にはドキュメンタリー映画監督亀井文夫が放射能による奇形の発生を可視化させたフィルム「世界は恐怖する」を発表していた[20]。亀井の意図は「死の灰は国境を越えてあらゆる土地にふりそそぎ，人類すべてを揺り動かす恐怖」[21]と世界の核兵器廃絶を訴えるものだが，死産児の「写真」[22]が被爆と関連づけて収録されていた。

そんな大石のもとに1959年初めに親戚の媒介により同郷の女性との結婚話が持ち込まれた。3月に結婚が決まり，「どうして結婚してくれた」のかも聞き出せないまま，郷里で結婚式をあげた[23]。

1960年に第一子が誕生したが，その子は奇形児死産[24]だった。染色体異常が起こる「放射能を浴びた者」という表現は男女を含んで流布されており，大石はそれを男性として内面化し，どんな子が生まれるかを一番不安で恐れていた。その一番不安で恐れていたことが現実となったのである。通常，男性に対する放射能の影響としては精巣機能がおかされ不妊症になるとされるので，大石の第一子の死産も大石の被爆が原因だとは確定できない。だが，当時の社会の偏見と差別のもと，自分の被爆が原因で子が奇形児死産になったと大石が思

い込んだのも無理はない。医者は「見ますか」と聞いたが，激しく動揺する大石を見て，「見ない方が良い」[25]と言ったという。偏見と差別をおそれた大石はそれを妻にさえも告げられず，娘の見舞に上京してきた義父に離婚させられるのではないかと脅える。

　大石は，「（奇形児のことは）黙っていろ，しゃべらなければ他人にはわからない」[26]と思う。だが，怒りと悔しさとが湧いてきてそのやり場がない。「被爆者の本当の悩みは，隠したいという気持ちと苦しみを知ってほしてという気持ちとが葛藤する」[27]のである。これは，ヒロシマで被爆し流産を経験した関千枝子が指摘した[28]ことでもあった。

　1961年に2度目の妊娠が8か月になった妻は突然「産むのはいや」[29]と言い出した。大石は「不幸！　くるならきてみろ」[30]という心境で開き直った。妻も落ち着き1961年元気な女子が生まれた。1963年には男子を得た。そのまま平穏に暮らしていくことにしていた大石を変える事態が起こった。

(3) 1976年　第五福竜丸展示館の開館

　ビキニ事件から14年たった1968年3月1日，静岡県で開かれていた3・1ビキニデーの平和集会で，東京の江東区代表は福竜丸が東京湾江東区のゴミ捨て場に廃船として打ち捨てられていることを報告し，その保存を呼びかけた[31]。ビキニ被爆を契機に始まった原水爆禁止運動は，世界大会開催にしても3・1ビキニデー集会にしても団体・政党間の分裂があり，集会はそれぞれが別々に開催するようになっていたが，そうした状況のなか，福竜丸が捨てられた江東区の区民の保存の訴えがあったのである。NHKは3月2日に福竜丸の様子をニュースで伝え[32]，そして1968年3月10日，「沈めてよいか第五福竜丸」とする26歳の会社員武藤宏一の投書が『朝日新聞』声欄に掲載された。投書は，

第五福竜丸／それは私たち日本人にとって忘れることができない船／決して忘れてはいけないあかし／知らない人には，心から告げよう／忘れかけている人には，そっと思い起こさせよう。（中略）　いま，すぐに私たちは

語り合おう。このあかしを保存する方法について。平和を願う私たちの心
　　を一つにするきっかけとして[33)]。

と結ばれ，第五福竜丸の保存を通じて分裂している原水爆禁止運動を「ひとつ」にしたいとの願いを強く訴えるものであった。

　朝日新聞社によると，この投書には「保存を求める」問い合わせが相次ぎ[34)]，同じ声欄の3月13日には杉並区の主婦安井田鶴子の「福竜丸生かす道を」という投書が掲載された[35)]。安井田鶴子（1914-2005）は水爆禁止署名活動を活発に行った杉並区に住む主婦で，1955年の第一回原水爆禁止世界大会の事務局長を務めた杉並公民館館長・法政大学教授安井郁（1907-1980）の妻でもある。安井田鶴子の投書は，武藤の訴えに共感し，「平和を願う者が力を合わせて船を生かす道を」，「美濃部都知事の力を借りたい」というものだった。

　3月12日には東京都知事美濃部亮吉（1904-1984）も保存協力を表明[36)]しており，これらの投書をきっかけに英文学者の中野好夫など8氏の呼びかけにより翌1969年7月に第五福竜丸保存委員会が発足した。そして，地元江東区の区民や労働組合員を中心に，大工や船職人も含む幅広い層を巻き込んだ保存運動が始まった。地元の教師は江東教師平和の会をつくり，大雨や台風で船底に水が溜まれば，男性教師たちがバケツで水をかきだす作業をつづけたという[37)]。第五福竜丸保存の運動を始め進めていった人々の間には，福竜丸保存を原水爆禁止運動の象徴とし，当時分裂していた原水爆禁止運動を統一したいとの思いが強くあった[38)]。

　多くの人の協力で福竜丸は守られ，1976年には公園となった夢の島に建設された都立第五福竜丸展示館に保存され，展示館は6月10日に開館された。大石の人生にとり呪わしい第五福竜丸，それから逃れようと出てきた東京，その東京に福竜丸が姿をあらわしたのである。大石は，のちに自分の活動は1983年秋に和光中学校榛葉文枝教諭引率の生徒に応え，福竜丸展示館で講話する時から始まった[39)]としている。だが，福竜丸保存の投書が掲載されて間もない1968年大石は，同じ乗組員とともにまだゴミのなかにあった福竜丸を見にいってもいた[40)]。

そんな時，フランスが南太平洋ムルロア環礁で核実験を強行するというニュースが入り，大石の家にスウェーデン国営放送の記者が訪れる。核実験に抗議するための取材班である。大石はこの取材を断わらず，核実験に抗議するという記者のために傾いた福竜丸の船上で写真撮影にも応じた[41]。核実験に反対するTBSラジオ「秋山ちえ子の談話室」の取材にも応じた[42]。しかし，大石にはこれらは相手の「求め」に応じたもので，自らが意思的に始めた反核の活動とは認識されていない。

大石の主体的な実践は，1983年から「核兵器廃絶」という明確な思想と目的をもってなされることになる。

2. 大石又七の反核の思想と実践

(1) 1983年2月 中学生徒への講話の開始

ビキニ被爆から20年が過ぎた1975年ころから，大石の元に仲間だった乗組員が肝硬変や肝臓癌で死亡した知らせが届くようになった。核兵器による放射能は人体に影響し，奇形児死産や肝臓などに癌を引き起こす恐ろしいものだ。にもかかわらず，東西陣営の核実験は激しさを増し，1980年代に入ると核兵器保有国も増えていた。大石は誰かが核の恐ろしさを言わなければと思う。そして，それは，核の怖さを身体をもって経験した自分だと考え始めていた[43]。

1983年2月，文化祭で福竜丸のことを発表したいという東京の和光中学校の生徒にたちに請われ，大石は第五福竜丸展示館で筋道をたてビキニ事件を初めて語った。そして，同83年8月，NHKの海外向けラジオ放送の「核軍縮をすすめるためには」[44]の意見募集に応募して採用された。「核兵器の恐ろしさを一番知っているのは被害を受けた当事者，死への恐怖を身をもって体験した自分だ」という内容である。

大石の心のなかに「わだかまっていた不満やうっぷん，怒りに近い考えを誰かに聞いてもらいたい」[45]という想いが湧き上がっていた。そこにNHKの国際放送「ラジオ日本」の核兵器廃棄への意見募集があったのだ。書いた後，大石は自分が自由に空を飛ぶ夢をみて心が軽くなった[46]という。大石の身体に

長年鬱積していた放射能への怒りと悔しさの一部分が放たれたのである。だが，他方，父親が被爆者であることを広く公表していくことは，年ごろになっていた子どもたちの縁談に差し障るのではないかとの家族の不安が強くなることでもあった[47]。しかし，大石は，行動をやめない。和光中学校生徒への講話の際，目が見えなかった女子生徒のために作った第五福竜丸の模型が 1985 年に学校に寄贈されて評判を呼び，大石はますますメディアに登場するようになる。

　大石が活動を始めた 1983 年ころ，大学を卒業した長女には結婚話があったが，相手の親や身内から反対されることが 2 度あったと大石は書いている[48]。大石はこれが見えないところにある本当の差別だと思う[49]。だが，一方，今まで家族にも話さなかった父の講話を，成長していく娘も聞くようになり，家族もかわっていった。次に結婚の話が出てきた際，長女は相手を福竜丸展示館に連れていき自分が被爆二世で父母の第一子死産のことをつげた[50]。「そういう子が生まれたら，二人で育てていけばいい」[51] という相手の言葉で 1992 年[52] 結婚にふみきった。

　1993 年 11 月，大石は自分自身にも肝臓癌が発覚して摘出手術を受け長期入院したが，1994 年 1 月の退院は同じ病院で長女が出産した初孫の退院と同じ日だった。孫の誕生は，子孫にまで及ぶとされる放射能不安から，大石を解放した。

(2) 核兵器と原子力発電所は同根と知る

　退院した大石の次の転機は，1994 年 3 月，NHK の現代史ドキュメント「原発導入のシナリオ」を見たことである。「原発導入のシナリオ」は，ビキニ事件解決が自国の核戦略のなかに日本を置きたいアメリカと原子力技術と原子炉を導入したい日本政府の「取り引き」[53] となったことを示すものだった。

　大国の核戦略と水爆実験と原子力発電所の推進が一体の構造となっていることを大石は知る。「原子力の平和利用」の名のもとに，原子力発電所をアメリカやソ連やその他の国が原水爆の製造と並行しながら設置していったことは，福島第一原発の爆発事故以降には日本国内でも広く知らされるようになった。

大石は自らの反核の運動のなかでより新しい知識や情報を集積して，すでに原爆・水爆も原子力発電所も，人類が制御不可能な放射能汚染をもたらす大国の核戦略のもとにあることを知ったのである。

大石は，大国の核戦略のなかで日本人は 2 人に 1 人が癌を発症することや死産の多発から，日本人全体がすでに放射能に被ばくしている，核兵器も原子力発電所も日本人全体が無くしていかなければならないものだと思う。さらに「核」を無くしていくことは日本人のみならず人類的課題だと考える。こうした認識を得ることによって，大石は自分が内面化してきた被爆者差別や偏見の意識を乗り越えた。その後の大石の反核活動は，「仕事が減り，貧乏になってもやる」[54] との固い決意の上に展開されていく。

放射能の恐ろしさを後世に伝えるため，築地市場の片隅の土中深く埋められた「放射能汚染マグロ」の「マグロ塚」を創った。それを自分一人でやるのでなく次代を担う若者たちに講話をした折に署名と 10 円募金運動を始め[55]，安全に食を求める主婦連などとも連携して行った。

(3) 大石の告白

大石が，第一子が奇形児死産だったことを告白できたのは出産から 41 年もたった 2000 年 5 月 25 日，厚生省の社会保険審査会の再審査会の場だった。福竜丸乗組員の小塚博がビキニ被爆治療時の輸血が原因で C 型肝炎ウィルスにかかり膵臓も悪くなり治療のために船員健康保険の再適用を厚生省の社会保険審査会に請求したが，小塚が体調を崩したため代わって大石が国の再審査会に出席したのである。大石はそこで 41 年間，妻にも言えなかった第一子奇形児死産のことを証言する。

証言

　昭和三十五年，最初の子どもは死産で生まれました。家族にもみんなにも，ただの死産と言ってきましたが，本当はいちばん恐れていた奇形児だったのです。みんなにも言えない。言えば同僚たちも人ごとではなくなり，大騒ぎになると思ったからです。それを今始めてここで言いました。これ

も被爆者特有のものと聞いております[56]。

　大石は「ここで国に聞いてもらわなければ，俺の中で納まりがつかない。お母ちゃんにもこれまで隠していたこの黒い重荷は41年間も俺のなかでくすぶり続けていたのだ。ここで言わなければ誰も知らないで終わってしまう。この悲劇は自分でつくったものではない。おかあちゃんには『我慢してくれ』と心の中で手を合わせ，思い切って」[57] 発言したのだ。妊娠・出産は女性の身体に起きる出来事だが，生殖への不安と恐怖は性としての男性にも強くあり，子どもばかりでなく孫の誕生にまで続く不安と恐怖となることが証言されたのである。

　大石の証言に対しては，男性の被ばくは不妊症を起こすかもしれないが，奇形児死産とは関係ないという人たちがいる。これに対し大石は，「何がどれだけわかっているというのだ。悩みは自分だけにとどまらず，家族にもつながっていく。外からの差別や偏見より，もっと怖い身体の中の見えない悪魔におびえているのだ」[58] と主張する。

　2000年8月，国は申請を認め[59]，小塚博（2016年1月26日逝去）には船員保険が適用されることになった。乗組員の発病も感染もビキニ被爆と関係あることになったのである。大石は，この時以降，ビキニ事件はまだ終わっていないと強く感じるようになった。同2000年10月21日には奇形児死産のことを第五福竜丸展示館に来た中学の生徒たちにも話し，「核兵器の恐ろしさを知って，小さいことでも良いから行動してほしい」[60] と，若い世代に呼びかけた。その講話は『第五福竜丸とともに―被爆者から21世紀の君たちへ』に収録されている。

(4) 核廃絶は人類全体の問題

　2002年2月25日，大石は，日本原水爆禁止協議会が企画した被爆地マーシャル諸島訪問，現地主催の3・1被害者デー記念式典に参加し，水爆実験により故郷の村を離れた被爆島民たちと交流した[61]。

マーシャル諸島の被爆者たちは，50年近くが過ぎたというのに故郷の島に帰れずにいた。核兵器は一度使われてしまったら取返しのつかないことになると大石は思う。日本のテレビカメラが入るなか，大石は，「アメリカ軍が行った水爆実験，何の罪もなく平和に暮らしていたみなさんや私たちを死においやった核実験は，当然その責任を負わなければなりません」[62]と挨拶した。実験国の責任を問う挨拶は島民から勇気ある発言と称賛された。大石の発言は日本の焼津でも行われていた3・1ビキニデー式典にも中継された。

翌2003年夏に大石は，マーシャル諸島被爆島民との交流や第一子の奇形児死産の告白などさまざまな思いを込めて，放射能被爆の影響は日本だけでなく人類全体にかかわること，原水爆と原子力発電所は大国の核戦略のなかで同根だとする『ビキニ事件の真実』を出版する。同書はアメリカでも反響を呼んで英訳され，2010年2月に The Day The Sun Rose in the West; Bikini, the Lucky Dragon, and I というタイトルでハワイ大学出版会[63]から刊行された。核の問題は人類全体の問題とする大石の反核思想と活動が世界に伝えられていくことになった。

大石は反核活動のなかで自分の怒りと悔しさと不安を，第五福竜丸乗組員23人やビキニで被爆したマグロ漁船の多数乗組員たちの怒りと悔しさと不安，マーシャル諸島に暮らしていた島民たちの怒りと悔しさと不安，そしてヒロシマ・ナガサキの被爆者の怒りや悔しさと不安と連携させて，人類の怒りと悔しさへと昇華させた。大石は反核の思想と実践は人類的課題だと認識することによって，自己の内部にあった被爆者差別と偏見，世界中の被ばく者に対する差別と偏見を克服する途を拓いたのである。

おわりにかえて─ 2011.3.11 フクシマ以後

福島第一原発事故直後，広島で被爆者への聞き取りを行ったノンフィクション作家・女性史研究者の江刺昭子は，福島などの被曝地には放射能に関する正確な情報提供，公的機関による被害実態テーターベース化の必要をいう。さらに，被ばくの被害に直接的死亡や原爆病とともに「心の傷と将来への不安」[64]

を加えるべきだと提言している。

　大石又七は福島第一原発の事故後は,「ビキニ被爆と福島の原発はつながっている」と題する講演を各地で行い,次のように語る。

　2人に1人の割合で癌が発生する日本人全体が被ばく者なのだからビキニや福島の人を被ばく者といって偏見を持ち差別をするな。福島の人々への賠償責任は原発政策をすすめてきた政府にある,政府が保証せよ[65]。内部被ばくによる遺伝的影響や奇形児死産発生への不安や心配は孫の時代までつづく。だから21世紀の人類がめざさなければならない目標は核兵器とともに原子力発電の廃止である。日本の使命は憲法9条を守り戦争をしないことだ[66]。そして,大石は2014年3月1日には,病身を押してマーシャル諸島の首都で開かれたビキニ被災60周年の儀式に参加し「核なき世界」を訴えた[67]。

　大石又七の生の軌跡を追えば,被ばくした男性もまた種の存続という「いのちの連関に責任」をもち,「心の傷と将来への不安」をもつ,もうひとつの性としての存在であることが鮮明となる。原発事故後の対応に関しては,次世代の健康への影響と「いのちの連関」への視点を入れ,女性とともに男性も重視される体制を取る必要があろう

注

1) 江刺昭子・加納実紀代・関千枝子・堀場清子編『女がヒロシマを語る』インパクト出版会, 1996。
2) 朝日新聞特別報道部『プロメテウスの罠4』学研パブリッシング, 2013。ある隊員は「おれの精子に異常はないですか」と不安を声にしている。243頁。
3) 中川保雄『増補　放射線被曝の歴史』明石書店, 2011。
4) 山本昭宏「第五福竜丸事件からビキニ事件へ」「年報日本現代史」編集委員会編『年報　日本現代史19号―ビキニ事件の現代史』現代史料出版, 2014, 169頁によれば,広島で被爆し一時的不能になった男性が,正常になって結婚するがビキニ事件のショックで又不能になったとする新藤兼人監督『本能』が1966年制作され,同年8月末から放映されている（筆者未見）。
5) 堀江邦夫『原発ジプシー・増補改訂版』現代書館, 2011, 217頁。
6) 日本弁護士連合会編『検証　原発労働』岩波ブックレット No.827, 2012, 60頁。
7) 星川淳監訳『調査報告　チェルノブイリ被害の全貌』岩波書店, 2013, 92頁。

8) 政府と日本カツオ・マグロ漁業協同組合連合会で決めた慰謝金配分表により，現在では「魚廃棄漁船992隻」とされている。山下正寿『核の海の証言―ビキニ事件は終わらない』新日本出版社.2012, 174頁も同様の見解をとっている。
9) 大石又七の5冊の著書は，『死の灰を背負って―私の人生を変えた第五福竜丸』新潮社, 1991。『第五福竜丸とともに―被爆者から21世紀の君たちへ』新科学社, 2001。『ビキニ事件の真実―いのちの岐路で』みすず書房, 2003。『ビキニ事件の表と裏―第五福竜丸・乗組員が語る』かもがわ出版, 2007。『矛盾―ビキニ事件・平和運動の原点』武蔵野書房, 2011。著書の他2012年初頭に菅原文太と対話した「第五福竜丸と原発は，深く結びついている」(小学館月刊『本の窓』2012年3.4月号)。小沢節子『第五福竜丸から「3.11」後へ―被爆者大石又七の旅路』(岩波ブックレット No.820, 2011)。
10) 小沢節子は「大石又七の思想―「核」の時代を生きる」(赤澤史郎・北河賢三・黒川みどり編『戦後知識人と民衆観』影書房, 2014)において，大石を自らの体験から出発し核と人間をめぐって思索を深める大衆思想家として描き出している。本稿はその体験の根本に生殖における性としての男性の意識が存在することを明らかにするものである。
11) 前掲『ビキニ事件の表と裏』44頁。
12) 前掲『死の灰を背負って』49頁。
13) 同前55頁。
14)「第五福竜丸 心の航跡32」『静岡新聞』2003.3.26。
15) 中日新聞社会部編『日米同盟と原発』2013年刊, 89頁によれば，第五福竜丸乗組員で被爆時27歳だった山本忠司は愛知県にある三谷水産高校の実習講師となり結婚したが，放射能の影響が心配で子はつくらなかったと教え子に語っている。
16) 前掲『死の灰を背負って』74頁。
17) 同前123-130頁。
18) 同前130頁。
19) 前掲「第五福竜丸 心の航跡32」。
20) 亀井文夫『たたかう映画―ドキュメンタリストの昭和史』岩波新書, 1989。
21) 同前174頁。
22) 同前170頁。
23) 妻・のぶは，結婚に「迷いがあった」という。前掲小沢節子『第五福竜丸から「3.11」後へ―被爆者大石又七の旅路』23頁。
24) 前掲『ビキニ事件の真実』202頁。
25) 同前 137頁。
26) 同前 138頁。
27) 同前 138頁。

28）関千枝子「被爆と女性」早川紀代編『戦争・暴力と女性3　植民地と戦争責任』吉川弘文館，2005。
29）前掲『死の灰を背負って』140頁。
30）同前 140頁。
31）前掲公益財団法人第五福竜丸平和協会編・発行『第五福竜丸は航海中』2014, 119頁。
32）同前　119頁。
33）武藤宏「沈めてよいか第五福竜丸」1986.3.10『朝日新聞』朝刊．声欄。
34）「第五福竜丸　廃船せず保存を　声欄の投書に問合わせしきり」1968.3.12『朝日新聞』朝刊。
35）安井田鶴子「福竜丸生かす道を—平和を願う者が力を合わせて」1968.3.13『朝日新聞』朝刊　声欄。
36）前掲『第五福竜丸は航海中』122頁。
37）江東女性史研究会編『江東に生きた女性たち—会誌第4号』私家版．2010, 37頁。
38）前掲『第五福竜丸は航海中』122頁。
39）前掲『ビキニ事件の真実』118頁。
40）前掲『死の灰を背負って』143頁。
41）同前 144頁。
42）同前 144頁。
43）前掲『ビキニ事件の真実』117頁。
44）全文は前掲『死の灰を背負って』154頁に掲載。
45）前掲『死の灰を背負って』154頁。
46）同前 159頁。
47）同前 157頁。
48）前掲『矛盾』211頁。
49）同前 211頁。
50）同前 211頁。
51）前掲小沢節子『第五福竜丸から「3.11」後へ』41頁。
52）2014年11月8日，筆者の質問への長女・田中佳子さんの返答。
53）前掲『ビキニ事件の真実』83頁。
54）同前 84頁。
55）同前 181頁。
56）同前 202頁。
57）前掲『ビキニ事件の表と裏』115頁。
58）前掲『ビキニ事件の真実』138頁。
59）同前　208頁。
60）前掲『第五福竜丸とともに』72頁。

61) 前掲『ビキニ事件の表と裏』120 頁。
62) 同前　121-122 頁。
63) 前掲『矛盾』245 頁。
64) 江刺昭子「原爆の広島で子育てをした女たち」『文藝春秋』2011 年 6 月号, 149 頁。
65) 文字化されたものは, 大石又七「第五福竜丸と原発は深く結びついている」菅原文太編『ほとんど人力』小学館 .2013, 58 頁。
66) 2013 年 11 月 24 日・東京都武蔵野市での市主催による講演会, 2014 年 11 月 8 日・練馬区における原水協・原水禁・婦人会議・新婦人による講演会での発言。
67) 「核といのちを考える　ビキニ 60 年」2014. 2.26 付『朝日新聞』朝刊。

非核の世界をめざして──草の実会　斎藤鶴子の軌跡

永原和子

はじめに

　1954年3月，ビキニ環礁におけるアメリカの水爆実験による第五福竜丸など日本漁船の被曝は，まだ原爆の記憶の生々しかった日本中に大きな衝撃を与え，たちまち水爆禁止の署名運動が燃え広がった。この運動を支えた女性の役割については既に多く語られている。

　そこには，戦後初期から地域の生活をまもり，民主主義の実現のために活動してきた主婦もいれば，子どものいのちのためにはじめて運動にめざめた母親たちもいた。この女性たちがその後平和の問題，とりわけ原水爆，核兵器，核の「平和利用」の問題にどのように向き合って来たかは女性運動，平和運動の歴史を考えるうえでも，また今日の核廃絶や原発の問題を考えるうえでも重要な課題である。ここでは，その一例として原水禁運動から平和問題にめざめ，核のない平和な社会の実現にむけて献身した斉藤鶴子の思想と活動をあとづけたい。なお，本稿では斎藤が主な活動の場とした杉の子会，草の実会，第五福竜丸平和協会，それぞれの機関誌とニュース，『杉の子』『草の実』『福竜丸だより』の記事，とくに斎藤自身の執筆になるものを中心に考察している。

杉の子会──社会に目をひらく

　斎藤鶴子（1909-2000）[1]が東京，杉並区の杉の子会（杉の子読書会）に参加したのは1954年8月であった。杉の子会は，杉並公民館で館長安井郁を指導者にした主婦たちの読書会で，杉並区を中心に隣接する中野区，武蔵野市，三鷹市などからの参加者があり，斎藤も中野区から参加した。当時4人の子を育てる母であった斎藤にとって初めての社会的活動への参加であった。

杉並ではこの年3月,ビキニ事件に対しいち早く水爆反対の署名運動がおこり,5月には水爆禁止署名運動杉並協議会（議長安井郁）が発足した。8月には原水爆禁止署名運動全国協議会が結成,事務局が杉並公民館におかれ,安井が事務局長となり,全国の運動の中心となった。斎藤が参加したとき,公民館には人があふれ杉の子の会員たちも署名簿の集約に大わらわの時であった。その熱気を目にした斎藤は「原子爆弾禁止運動ほど人間のたましいの叫びに最も直接的な平和運動は何をおいてもない」とその時の感動を記している（「杉の子会に想う」『杉の子』1, 1954)。

　当時,原子力の平和利用のキャンペーンのため書かれた『ついに太陽をとらえた―原子力は人を幸福にするか』（読売新聞社1954）を読んでいた斎藤は,「原子力の威力に恐怖を感じ科学の進歩は必ずしも人間の幸福につながらないのではと暗い方に考えがちだった。その私に原水爆禁止運動は光を与えこれこそが真の平和運動と思った」（「平和を求めて（Ⅱ）杉の子会と原水爆禁止運動」『福竜丸だより』157, 1991）とも書いている。斎藤は原水禁運動を通じて平和問題への関心を深めていった。

　杉の子時代の斎藤に大きな影響を与えたのは安井郁であった。杉の子読書会で安井は,当時の主婦にとってはかなり難解と思われる社会科学の書をテキストに世界史,思想史などを懇切にかつ楽しく語った。読書会の意義は「主婦の社会的開眼」であり,「母として子どもの話し相手になれるよう謙虚に学ぶこと」と語る安井のことばを,斎藤は感動をもって受け止めた。それは,当時中学生であった次男から「なぜ戦争に反対しなかったのか」と問われて答えられなかったという苦い経験があったからである[2]。斎藤は読書会を一度も欠席せず講義の克明なノートを遺している[3]。また,高校の社会科や世界史の教科書を読み,英語の勉強もしたという。こうした学習によって「歴史的社会的条件の接点でものを考える大切さを学び」「学び知ったら不十分であっても真実を求めて平和に役立つと思う行動をする以外に道はない」こと知った（「平和を求めて（Ⅰ）杉の子会と私」『福竜丸だより』156, 1991）。

　この時代に斎藤は原子力問題をどう考えていたか。前述のように原子力の

「平和利用」、原発の開発について通俗的と彼女自身がいう書を通してではあれ知識と関心を持っていたが、その一方で「原子力の利用だって平和的に利用されてこそ人類の幸福はどれ程大きくなるだろう」(「秋雑感」『杉の子』5, 1958)と、当時の多くの人と同じように平和利用への期待ものぞかせている。しかし、「現在の平和運動にとって最大の問題は原子戦争をいかに食い止めるか」にある(「平和とは」『杉の子』8, 1961)という信念は強かった。

ラッセルへの傾倒―すべての核に反対を

1962年ソ連の核実験をめぐる意見の対立による原水禁運動の分裂は、杉の子会にとっても大きな試練となった。会員のなかには会の意見を一つに統一しようとの提案もあったが、「原水禁運動はもともと思想信条を超えた運動」であり、「杉の子は自由な立場で社会科学を学ぶ場」であると信じる斎藤はこれに批判的であった[4]。64年安井郁は原水協事務局長を辞し、杉の子会も運動を離れた。

こののち斎藤が活動の思想的よりどころとしたのは、イギリスの思想家バートランド・ラッセルの核に対する警告であった。1955年7月、ラッセルは亡くなる直前のアインシュタインとともに水爆実験、核戦争は人類の破滅を招くことを世界に警告する「ラッセル・アインシュタイン宣言」を発表した。これには日本の湯川秀樹をはじめ世界の科学者が賛同、これを受けて57年からはすべての核兵器と戦争に反対するパグウォッシュ会議が開かれることになった。

当時ラッセルの著述は日本でも多くの人に読まれていた。斎藤も62年10月雑誌『世界』に掲載された「全般的完全軍縮の実現を」を読み、如何なる核にも絶対反対というラッセルの主張に強く打たれ、ただちに英文の手紙を書きラッセルに送った。斎藤は『杉の子』10(1963)に「平和運動をおもう」と題してこの時の手紙の全文(和文)を載せている。それは原水禁運動にある二つの考え方と日本の基地問題についての質問である。これに対し同年12月、ラッセルから自筆の返事[5]が届いた。そこには「すべての核実験は即時やめるべきこと、日本人であったら核基地の存在に反対することは特権であり義務であ

る」ことが書かれていた。斎藤はこの言葉に励まされ、如何なる核にも反対し核廃絶を願う運動に確信をもった。こののち、斎藤は20回にわたってラッセルに手紙を送り、その時々の平和運動についての報告や質問をつづけ、また日本にあるラッセル平和財団支援や、ラッセルの呼びかけるベトナム戦争反対の市民運動にも参加した。

草の実会―平和運動をひろげる

杉の子会を卒業した斎藤の活動の場となったのはかねてより参加していた草の実会であった。草の実会（通称「草の実」）はビキニ事件の翌年1955年、朝日新聞のひととき欄の投稿者たちが「投稿するだけでなく集まって声を上げよう」と始めた組織である。「互いの向上をはかり手をつないで明るい社会を」という呼びかけには戦争体験を持つ人々の平和への願いがこもっていた。会は個々の考えを尊重し共感できるところでつながる、会長も代表も置かない緩やかな組織であった。全国に広がる会員は地域ごとのグループに分かれ、中小企業問題、PTA問題、家族制度、憲法問題などそれぞれのテーマの学習会をもった。また戦後の多くの女性団体と同じように不用品交換、内職斡旋、地方生産者との交流など生活に密着した活動にも力を注いだ[6]。

そのなかで斎藤はより深く平和問題をとの思いから1967年地域グループを超えた平和問題研究グループの結成を呼びかけ、ベトナム問題、沖縄問題、防衛問題などについて学ぶ機会を作った。翌68年には湯川秀樹ら50名による「非武装に関する国会議員への要望書」を支持して、他の女性団体に呼びかけ「非核三原則国会決議要請」の署名を集め国会に提出するなど、草の実会の外へと活動を拡げていった。こうした活動の際にも斎藤は、会合や学習会で学んだことは必ず『草の実』誌上に細かく報告、しかし自分の意見を会に押しつけることはしない、集会には会の代表してではなく個人として参加しその場合には必ず草の実の友人を誘って行くなど、あくまでも会と個人のけじめを守りながら運動を育てることに努めた。

1970年代に入ると、草の実会は安保改訂反対の意志を具体的に行動で示そ

うと、「15日デモ」を始めた。これは「8月15日—民主主義の生まれた日を忘れまい」「再び戦争の過ちを繰り返さない」という目的で始まったもので、「平和憲法をまもろう」「核兵器を持つのは憲法違反」「核の恐ろしさを知っていますか」など、その時々の訴えを書いたプラカードやビラをつくり都心を、後には渋谷の街を行進した。なかには地方から駆けつける会員もあった。草の実会はこのようにして平和への強い意志を前面に打ち出して活動するようになった。このデモは最初は毎月15日に、76年からは5月、8月の年2回おこなわれ、会を閉じる2004年まで104回つづき、斎藤は99回まで1度も休まず参加した。

核問題に向き合う

1975年、被爆30年と「国際婦人年」を迎えたこの年、女性団体はこれまで以上の熱意をもって平和問題に取り組んだ。ことにその前年には原子力船むつの事故、75年には美浜原発2号機の事故による運転中止があり、核兵器、原発反対の声が大きくなった。母親大会では「被爆30年を期し核兵器廃絶」運動への取り組みを決議した。

草の実会では平和問題研究グループが「被爆30年核問題を考える連続3回講座」を実施、これを冊子として出版した。このなかで講師の被団協事務長の伊東壮は自らのヒロシマ被爆体験から、行動がほんとうに一つの運動になったのはビキニの被曝であること、体験は思想—核を必ず廃絶するという思想—にならなければ人々に伝わらないことを強調した。

また、高木仁三郎は「原子力と私たちの生活」と題して、原子力の安全性、原子力社会と自由の問題などにつき、具体的な解説を行った。また、原子力の平和利用は実は営利利用であり、軍事利用と目的に差はないこと、原子力問題は原発周辺住民だけの問題ではなく単純なエネルギー問題でもない、国家という大きな権力と大資本が人々の生活の犠牲の上に自分に都合いい体制を作り上げていくものであり、多くの人たちが原子力拒否の具体的行動をしていくことの必要を強調した。

高木仁三郎はこの年、大学の職を辞し原子力資料情報室の専従世話人（のち

に代表) となり市民運動に身を投じた時であった。斎藤と終始行動を共にしていた草の実会員の谷津志津の談によれば，当時原子力資料情報室は中野区にあり斎藤や谷津はしばしばそこに出入りしていたという (2014年　永原聞き取り)。この後も斎藤は機会あるごとに高木の講演や報告を聞き，後に見るように高木の運動に積極的に協力しており，草の実会や斎藤の非核の思想と運動にとって高木の存在は大きかったと思われる。

核廃絶と脱原発の運動へ

1970年代後半には，ソ連とアメリカの核軍拡政策にたいしてヨーロッパ全域での核兵器反対，軍縮の気運が高まった。78年には国連軍縮特別総会 (SSD Ⅰ) が，さらに82年SSDⅡ，83年SSDⅢがもたれた。SSDⅠでは「核軍縮および核兵器の完全廃絶こそ最も効果的な保障」という合意がされ，これを受けて日本でも原水禁運動の統一が実現し，草の実会も市民十団体（主婦連，生協連，日青協，被団協，地婦連，婦人有権者同盟，日本山妙法寺など）の1員として運営委員会に参加し，原水禁世界大会にも出席するようになった。

1982年には評論家中野好夫，全国地婦連会長大友よふ，物理学者小野周ら10名の呼びかけで生まれた「第2回国連軍縮特別総会に核兵器の完全禁止と軍縮を要請する国民運動推進連絡会議」が3000万署名運動を提唱した。これに応えて「第2回国連軍縮特別総会に向けて婦人の行動を拡げる会」（のち「婦人の行動を拡げる会」）が生まれ，講演会や街頭行動など精力的な活動を展開した。草の実会も会としてこれに参加，「子どもたちに残そう　核兵器のない平和な世界を」のキャッチフレーズで各グループ，地方会員へ呼びかけることに力を注いだ。またこの年の草の実総会では「戦争はいや，核には反対と署名するだけでは弱い，核の傘，核の抑止力は間違っているとはっきり言おう」とさらに踏み込んだ申し合わせを行っている。

このようにして1980年代の草の実会は，初期の平和問題研究グループや有志の活動から会の総意として国際的な核廃絶の運動や市民団体の活動に積極的に加わっていった。それとともに，この時代にはSSDの運動などには見られ

なかった脱原発への関心を深くしていて，たとえば『草の実・40年記録集』では「核兵器廃絶のために」とは別個に「原発をなくすために」の項を設けて脱原発の活動を報告している。

1986年のチェルノブイリ原発事故は世界に原発への恐怖を与えた。とりわけ食品の汚染や子どもの健康被害が大きく報じられたこともあって，日本の若い母親たちが原発に改めて関心を抱くようになった。原爆もビキニも知らない世代の女性たちが，それぞれの地域で原発反対や放射能対策をもとめる自主的な行動を起こすようになった。『草の実』誌上でも食の安全や核に国境はない事などが語られるようになった。

このような状況のなか，1989年高木仁三郎は脱原発法制定を求める運動を提唱した。これはヨーロッパの国々で国民投票によって脱原発を実現しようとしている時，憲法上国民投票が困難な日本で，これに代わるものとして脱原発法の制定を国会に要請しようというものであった。その提案文[7]は脱原発に合意できる人々が多少の考え方の違いを超えて手を結び，原発に不安を持つ人々の気持ちに応え，豊かな脱原発社会のイメージを描く，あくまでも市民主体の運動，直接民主主義的な楽しさを含んだ運動で，単なる代替エネルギーの開発ではなく産業や生活の見直し，文明のあり方まで考えようという壮大な構想を示したものであった。草の実会はこの趣旨を盛り込んだ要請文をつくり署名運動に取り組んだ。この運動は1990，91年の2度にわたり350万人の署名を集め国会に提出されたが，採択に至らなかった。

1990年代に入ると，福井県の美浜原発や高浜原発2号機の事故，それらの情報の隠蔽についての不安が高まり，また日本のプルトニウム輸送やその過剰な蓄積にたいする国際批判の声もおこった。この時期の斎藤は，「核廃絶，非核をとかく核兵器に限定する傾向をやめ，原子力全般にひろめねば核廃絶の真価を発揮できない」と述べている（『第6回国際非核自治体会議報告書』中野区企画部企画課1993）。

また，94年8月新たに成立した村山内閣の自衛隊合憲などの政策に危惧を抱いた草の実会は，平和憲法尊重の諸政策実行を要請する申し入れ書を送っ

た[8]。そのなかで核問題について,「安全性の限界を直視する世界の趨勢は原発の稼働停止や削減へ向かう中で,現在稼働中の原発を見直す余地すら与えない」ことの無責任,「厖大な原発投資の費用をふりむけクリーンな代替エネルギーの国内活用」と核のゴミの恐怖を回避するため直ちに脱原発の政策を推進すること」を求めた。草の実会は核兵器廃絶と同時に脱原発社会への具体的な方策について提言するまでになったと言えよう。

翌1995年8月斎藤は被爆50周年原水爆禁止世界大会に出席した。そこでは核兵器に止まらず脱原発,プルトニウム等について具体的な話し合いがもたれた。なかでもフランスの核実験の被害を受けた南太平洋の小国バヌアツの女性代表の活動の報告に感動した斎藤は,「戦争はいやだ,核はいやだと考え祈るだけではどうすることもできない,これを進めようとする勢力に権力に対するたゆまぬ言論による,行動による戦い」が必要と,これまでも続けてきた「言論による,行動による戦い」への決意を強くしている(『草の実』411, 1995)。

この後,『草の実』には,1999年のJCO東海臨界事故について石﨑あつ子の「やっぱり起こったJCO東海の臨界事故」(『草の実』446, 2000),串田文子の数回にわたる青森県六ヶ所村訪問の報告「反核燃の日青森に行く」(『草の実』337, 1988),「六ヶ所村に押しつけられた核のゴミ・放射性廃棄物」(『草の実』409, 1995),「原発廃炉の世界の動きの中で」(『草の実』464, 2002)など原発の深刻な実情の報告や,太陽光発電,風力発電,燃料電池など原発に代わるエネルギーへの関心を語る記事が多くみられるようになった。草の実会は斎藤につづく世代の人々によってより行動的に原発問題に取り組み非核の世界の課題に向けて歩みをつづけた。

むすびにかえて—未来の子どもたちのために

2000年4月『草の実』448号に斎藤は「第五福竜丸エンジンお帰りなさい集会」という記事を書いている。和歌山県沖の海中に沈んでいた第五福竜丸のエンジンが多くの人々の協力によって数年がかりで東京都江東区夢の島の都立第五福竜丸展示館に収容され,これを記念してこの年1月に持たれた集会の様子

を報告したものである。

　1969年，第五福竜丸が廃船の運命にあることが報ぜられたとき，斎藤は早速夢の島に赴き，自分の後半生を変えたビキニ事件と原水禁運動の象徴である福竜丸と対面した。その後，船体のペンキ塗りやカンパ活動などに参加，後には第五福竜丸保存平和協会（のち平和協会）の理事としてその保存，展示館の充実に協力してきた。それは「第五福竜丸平和協会は原水禁運動が広く力を合わせてゆける原点として大事な存在」（福竜丸だより108.1987）という思いからあった。また，展示館のニュース『福竜丸だより』の編集にもたずさわり，平和について多くの記事を書き，晩年の数年は毎月その1ページを憲法9条に関する記事にあて学者や市民に執筆を依頼するため奔走していたという[9]。

　「おかえりなさい」の記事には福竜丸保存に尽くした一人としての斎藤の感懐がにじみ出ている。それとともに「小中高生など若者に第五福竜丸の歴史とますます高まる核の危険をアピールしていく」とも書かれていて，戦争や核の危険を次の世代の人々にしっかりと伝え，平和な世界を引き継ぎたいという熱い思いが語られている。

　斎藤はかつて「なぜ運動をつづけるのか」という子息の問いに，それは「いのちの大切さに行きつくと思う」と答えている[10]。斎藤鶴子のすべてが込められた言葉であった。

注

1) 斎藤鶴子　東京女子高等師範学校専攻科卒。戦時下の1時期を除いて東京都中野区に住む。略歴は，斎藤恭司「母斎藤鶴子を憶う―地の塩賞受賞に当たって」（『草の実』455, 2001），関千枝子「"普通の人の平和運動"をめざして」（『長い坂―現代女人列伝』1989），『椎の木の下で―区民が綴った中野の女性史』（1994），「聞き書き斎藤鶴子―力を結集して世論を盛り上げよう」（『杉の子読書会で学んだ女性たち』地域女性史をつくる会会誌Ⅰ, 2003）。
2) 前掲斎藤恭司「母斎藤鶴子を憶う」。
3) 都立第五福竜丸展示館蔵「斎藤鶴子資料」所収。なお，同館には斉藤鶴子の日記，原稿，書簡（控え）等も収められている。
4) 斎藤鶴子「日記　第八回原水禁世界大会前後」（『銃後史ノート戦後編⑥高度成

長の時代　女たちは』(1992)。
5) ラッセル書簡（原文）の写真は注4) に掲載されている。
6)『草の実・30年記録集』『同40年記録集』『同50年記録集』（草の実会編　各 1984，1994，2004），『草の実』（復刻版『戦後日本住民運動資料集成　5・6』 2004)。
7) 髙木仁三郎「脱原発法制定運動の提起」前掲「斎藤鶴子資料」所収。
8)「申し入れ」(『草の実』401，1994)。
9) 谷津志津「斎藤鶴子さんをたたえ偲ぶ会」(『草の実』455，2001)。
10) 前掲斎藤恭司「母斎藤鶴子を憶う」。

原水爆禁止運動から反原発へ
―高度経済成長期の「主婦連合会」の動きにみる―

山村淑子

はじめに

　原子力の平和利用として安全性を旗印に国策として推進された原子力発電所の1つ福島第一原子力発電所の爆発事故（2011.3.11）は，日本列島のみならず地球上に住む人々に，いのちと健康を脅かすものとして不安と恐怖をもたらし，地域住民のくらしを破壊した。本稿が分析の対象とする主婦連合会（以下，主婦連）は，戦後の物不足や不良商品追放運動の段階（1948-1950）を経て，1951年（第4回総会）以降は「平和・いのち・くらし」を掲げ，科学的裏付けがある消費者運動を目指してきた。特に，高度経済成長期（1960-1974）の主婦連活動の中心は公害とのたたかいであった。その過程で，主婦連が国策である原子力平和利用や安全神話の言説に囚われなくなっていくのは何故か。その要因を明らかにすることが本稿の目的である。

　これまで原子力問題といえば，物理学，政治学，平和運動からのアプローチが多かった。だが，3.11以降は，工学，医療，地域運動からのアプローチが増加している（国会図書館所蔵論文検索）。これに対し本稿は，消費者運動を展開する主婦連が掲げた「平和・いのち・くらし」の視点から原子力問題にアプローチするものである。尚，考察のための基本資料として，機関誌『主婦連たより』（日本消費者問題基礎資料集成：主婦連合会資料 1948-1995）を中心に『主婦連と私』等の記念誌や原子力関連文献資料及び『国会会議録』等を使用する。

1. 主婦連合会は「原水爆」をどのように捉えていったか
(1) 主婦連合会

　主婦連は、戦後の物不足と物価高に憤る主婦たちに、「経済的自覚を高め、暮らしの課題を政治に反映させるために団結しよう」と呼びかけた参議院議員奥むめおを会長として1948年9月に発足した[1]。以後、「台所と政治」をスローガンに[2]、生活の中から「平和・いのち・くらし」に関わる問題をつかみ出して、消費者の声を政策に反映させる実践的で科学的裏づけのある多様な運動を進めてきた。

　機関誌『主婦連たより』(以下出典表示は『たより』)[3] の「私達の主張」で奥むめおは「主婦の力で平和を」と題して、「平和は拱手(キョウシュ)していては来ない。主婦は主婦としての立場を堅持することによってのみ平和出現の一翼をかつぐことが出来よう」と、個々の会員に平和実現の一翼を担うことを呼びかけている(『たより』No.17, 1950.8.1)。この運動推進力の根底にあったのは「もの言うことを知って立ち上がった主婦」たちの「自分の力を発見した喜び」だった[4]。主婦連では、「一人一博士(ヒトリイチハカセ)」と得意分野をもつことを推奨し[5]、独自の調査に基づく消費者の意見を行政に表明する場として政府の審議会に積極的に参加してきた。だが、当初は「専門とする会員を国の審議会へ推薦したが大学卒業でなければ駄目だ」と受け容れられず、会員の学歴を調べると初期会員の多くが高等小学校卒で[6]、旧制女学校卒が1割程度、大学卒は数人だった。そこで、学識経験者として高田ユリ(共立女子薬学専門学校卒・同校助教授)を推薦したことがあった[7]。また、会長奥むめおの「庶民の声の代弁者として、利用できるものは利用する」という幅の広い姿勢には批判もあった。副会長だった船田文子は、「婦人参政10周年記念」の懇談会で、「主婦連合会には、社会党の思想を持った人も、自民党系の思想を持った人もございます(中略)選挙は個人の自由、投票は個人の自由ということを固く守っております」と発言している[8]。「奥会長は常々レッテルを貼って行動を狭めることはないといい、全方位志向で動く人だった」とは、機関誌創刊号編集発行人であり第4代会長の清水鳩子の証言である(山村聞取り、2012.12.6)。元東京新聞記者・松田宣

子は,「奥会長の戦前の婦人参政権運動,女性労働活動,消費組合運動,セツルメント活動などの人脈が縦横無尽に働いた」と記し[9],鳩子の証言を裏書きする。鳩子自身も『消費者運動50年』のインタビュー(1995.11.24)に応えて「運動を成功させるためには,目的が同じだったら多少思想信条が異なっていても一緒にやったらいいんです。消費者も些細なことで運動の輪から絶対に外れては駄目です」と応えている[10]。この幅広く多面的な消費者団体主婦連は,原子力問題をどのように捉え動いたのか。

(2) 生活者視点で捉えたビキニ第五福竜丸事件

主婦連が機関誌で「水爆の出現」を伝えたのは1952年11月だが,原水爆禁止を訴える運動を展開する契機は1954年3月1日のビキニ環礁におけるマグロ漁船の被曝事件である。同月14日,被曝した第五福竜丸が静岡県焼津に寄港する。焼津の魚屋では「当店では原子マグロは取り扱いません」の看板を掲げ[11],消費者の被曝マグロに対する恐怖は拡大した。

3月16日,東京築地の中央卸売市場では水揚げされたマグロやヨシキリサメが入荷すると競りを中断。放射能検査を受けて汚染が判明した水産物は市場の一角に穴を掘って埋められた。主婦の魚に対する不安は深刻で魚の値段は低落した。東京都は宣伝カー5台とラジオを通して「安全」を連呼してポスターも貼り,ガイガー計数管も4台購入している[12]。検査を受けた漁船は2729隻に及ぶが,12月28日,マグロ検査の廃止が閣議で決定されてしまう。

主婦連は上記の台所まで押し寄せた水爆の恐怖とたたかうため,4月6日に参議院会館第五会議室で地域婦人団体連合会(全地婦連)・生協婦人部・日本婦人平和協会等と合同対策打合会を開催した。その結果,「今後世界のいかなる国に於いてもこの犠牲をくり返させてはならぬ」と,「原爆兵器の製造・使用・実験を中止すること,原子力の国際管理と平和的使用」を決議し,4月30日には全地婦連代表者とともに在日大使館を訪問。その「決議文」を「世界各国の政府・ローマ法王・各国婦人団体・宗教団体・生活協同組合などの外,パール・バック,バンディエット夫人,ルーズヴェルト夫人」などに送ることになっ

た(『たより』No. 60-61, 1954.4.15-5.15)。

「私たち日本人は広島と長崎で人類最初の原爆被害者となり，今回の水爆実験で実に第三回目の犠牲者を出しました」ではじまるこの要望書の特徴は，まず，アメリカが行った水爆実験が日本列島にくらす人々にもたらした放射能被害の実態を生活者視点で具体的に提示し，後半で「原子兵器の製造・実験・使用の禁止と原子力の国際管理と平和的利用」を表明していることである。その前半の内容は，(1) 広島・長崎に次いで今回のビキニ水爆実験で3回目の犠牲者が出たこと，(2) タンパク源を魚に頼っている日本人の家庭では恐怖のために魚が食べられないでいること，(3) 放射能を受けた魚はすべて地中に埋められたこと，(4) 魚屋は生存権を奪われようとしていること，(5) 農作物からも放射能が発見され，魚も農作物も安心して食べられないこと，(6) 空気中に混じった放射能が何時わが身に付着するかも分からないという恐れが日本中を包んでいること等，放射能被害におののく人々のくらしの実態を示して世界に訴えた(前掲注11『ビキニ資料』501頁，『世界』1954.6)。

(3) 原水爆禁止運動

国会決議と奥むめお　「決議文」が出された前日，4月5日は第19回国会の会期中だった。この日，衆参両議院は「原子兵器の使用禁止と原子力の平和利用促進」を決議。奥むめおは，参議院本会議「原子力国際管理並びに原子兵器禁止に関する決議案」の審議会で発言し，「強力な原子爆弾の保有によってのみ平和は確保されると考えるのはこれは驚くべき錯覚」と，「誤った平和論」として糾弾した。つづけて「原子力を平和のために役立たせるならば，病気を治すことができ，生活を豊かにする動力源ともなると聞く(中略)原子力が人類の平和と幸福のために持ち入れられることを祈ってやまない」と原子力平和利用への期待を示した(「第19国会・参院・本会議事録」29号，1954.4.5)。しかし，その10日後に発行された『主婦連たより』の解説記事「原爆をめぐる世界の動き」は，「人類の破壊より他に使い道のない水爆を作り出した廿世紀の科学は世界を断崖の縁に立たせています」と科学の発展が人類を破滅させ

るという新たな課題を抱えたことを示唆した(『たより』No. 60, 1954.4.15)。だが, 国会決議の1か月前には原子炉築造関係費用を盛り込んだ予算案が衆参本会議で即決されており, 日本の原子力平和利用は上記の解説記事が指摘した科学が抱えた新たな課題を問うことなく, 政府主導の国策として始動していた。

署名運動 一方, 全国的な署名運動で先駆的役割を果たした東京・杉並では, 5月9日に水爆禁止署名運動杉並協議会が結成され, そのアピールの中で前述した解説記事と同じく「世界の科学者たちは原子戦争によって人類は滅びる」と警告「原水爆禁止は全人類的課題である」ことを訴えた。8月8日には, 原水爆禁止署名運動全国協議会が結成され, 奥むめおは, 湯川秀樹・賀川豊彦等とともに12名の代表世話人の1人となった。むめおは『主婦連たより』10月号の主張で「人のいのちを大切に」と題して「日本中から集められた原水爆反対の署名は1200万と集まって, 国民の嗚咽が全世界にこだましている。原水爆反対闘争は決して単なる政治運動ではない。生きたこの身にふりかかる現実の恐怖であることは, 黄変米の猛毒問題と同じである」[13]と述べ, 度重なる被爆を受けた日本の外務大臣がアメリカの原水爆実験に協力すると表明したことに憤り, 「人のいのちを尊重することが政治の第一義であり, そのような社会秩序を確立する責任が私たちにある」と, 署名運動に関わる個々の会員に責任の自覚を説いた(『たより』No.66, 1954.10.15)。しかし, ここでは原子力の平和利用の安全性を問う見解はみられない。

(4) 第3回原水爆禁止世界大会―主婦の参加

1958年10月, 岸信介首相が, アメリカに帰国するNBC記者セシル・ブラウンによる総理大臣官邸におけるインタビューで, 憲法9条を廃止し自衛隊を強化して核武装化を図ることを仄めかしたことが全米で放送されたことが判明。国会では日本の核武装化が問題になった(「第30回国会・衆議院会議録」9号, 1958.10.16)。

その前年の5月7日, 第26回国会で岸信介は, 「日本国憲法下でも自衛のための核武装の可能性」を発言(「参院・内閣委員会会議録」28号)。奥むめお

は8月の主張欄に「原水爆の禁止へ」と題した一文を掲載、「原水爆禁止は日本が世界にイニシア(ママ)をとって闘い進むべき当面の重大な問題である」と記し、その上で、「平和・いのち・くらし」を重視する消費者運動の視点から第3回原水爆禁止世界大会の意義を伝えた（『たより』No. 99，1957.8.15）。その内容は、「東京で開催された第3回原水爆禁止世界大会が盛況裡に進められたこと／25ヵ国から代表（97名）が参加し日本の参加者（3981名）の三分の一を主婦が占めていたこと／代表者たちは大会参加費や旅費を地区婦人会や所属グループのカンパで支えられてきたこと／その支援には日本の主婦たちの平和への痛切な祈りがこめられていたこと」をあげ、原水禁運動への主婦の参加を「本運動最大の勝利」と評価した（『第3回原水爆禁止世界大会議事速報』1957.8.6-16）。この時点では、主婦連の個々の会員やグループは、自らの判断で原水禁運動や母親運動（『たより』No. 111，1958.8.15）に関わっていることが資料から読み取れる。

　主婦連が組織として原水禁世界大会へ正式参加を表明したのは1979年である。春野鶴子副会長（長崎出身）は市川房枝らとともに大会実行を呼びかけるメンバーとなった。正式参加の理由は、「今年は、はじめて市民団体も参加する開かれた統一大会となり、主婦連合会もはじめて世界大会の正式参加を決定しました」と機関誌に掲載した（『たより』No. 360，1979.8.15）。その後主婦連は、原爆ドーム保存運動（1989）、被爆者援護法成立支援（1985-1990）、第五福竜丸の船体及びエンジン保存運動（1996-2000）などに取り組んでいく。

(5) 第五福竜丸エンジン保存運動

　1996年12月2日、42年前の事件後、船体から切り離されて貨物船に使用された後、廃棄されていた第五福竜丸のエンジンが、紀伊半島の沖で引き上げられた。これを知った和歌山市民の呼びかけで、「核兵器による被曝の証人・エンジンを東京・夢の島へ」運動が開始され、421の団体と2万4933名（1998, 2, 20集約）の個人が運動の支援者となった。

　1998年2月、エンジンを搭載したトラックが和歌山の生協三井寺店を出発。

大阪・奈良・京都・彦根・大垣・名古屋・豊橋とリレー。その後はビキニ事件の被害を受けたマグロ漁港「焼津」・「三浦（三崎港）」を経て東京夢の島に到着した。夢の島での「第五福竜丸エンジンお帰りなさい集会」には，元第五福竜丸乗組員大石又七と小塚博も参加し，大石又七は「エンジンと船体はビキニ事件と仲間の無念を永遠に伝えてくれる」と語った（『たより』No. 584，1998.4.15）。一方，都庁前のエンジン贈呈式で挨拶した清水鳩子（第4代会長1995-1999）は，「第五福竜丸の保存には多くの困難があったが，再び船の心臓ともいえるエンジンを保存しようという市民運動の盛り上がりの結果，船体との再会を実現させることができた。これは，人類の平和と核兵器廃絶を願う国民の平和への熱い思いの結実。第五福竜丸は過去の歴史ではない。未来の人類の命運を掲示している」と，日本の原水禁運動の出発点となったビキニ事件の証となる船体とエンジン保存の意義を伝えた（『たより』No. 584）[14]。

　この運動を担った清水鳩子は 1924 年福井県生まれで，「戦時教育（東京女子師範学校卒）の優等生」であった。だが，母（奥むめおの妹）は「こんな馬鹿な戦争に勝てるわけはない」と，集団行動をいやがり一度も地域の防空演習に行かなかった。「母が捕まる」と思った鳩子は，母に代わり防空演習に出た。戦後，「母は正しかった」と気づく。以後，母の生き方は鳩子に大きな影響を与えた。鳩子は原子力資料情報室世話人・高木仁三郎と親交を深め，高木仁三郎市民科学基金設立発起人の1人にもなっている（山村聞取り，2012.12.6）。

　修復されたエンジンが第五福竜丸展示館の隣に展示されたのは 2000 年 1 月 22 日。以後，核兵器廃絶を願うお花見平和のつどいが毎年開催されている（『たより』No. 728，2010.4.15）。

2. 主婦連は，原子力の平和利用をどのように受け止めていったか
（1）原子力は両刃の剣

　1949 年の 10 月，機関誌第 7 号は，「ノーモア・ウオーズ，平和は女性から」と題して「原子力を病気を治すことや機械の動力や寒地の温暖など，福祉平和の為に利用しなければならない」と記した。まだ平和利用とはいわれなかった

時期で注目される。それから4年後,1953年を「電化元年」と唱えた電気業界は,50年代後半には家庭電化製品を「三種の神器」の宣伝で消費者の購買力を煽り,1956年の『経済白書』は「戦後復興による成長は終了した」として,今後の発展は「原子力の平和的利用とオートメイションによる」と記した[15]。同年3月,『主婦連たより』の解説記事「原子力国産化に問題」は,「ヒロシマからビキニの灰へと,私たち日本人には原子力の恐しい記憶がつきまとっています」と被爆の記憶を記す一方,「原子力は両刃の剣」と転じ,「平和的に利用すれば国民経済はどれほど豊かになることでしょう」との認識を示し,国家経済の問題として容認している(『たより』No. 83,1956.3.15)。

それから3年を経過した1959年12月の参議院商工委員会での奥むめお発言でも,「立ちおくれております日本が数年後には原子力発電も実現するであろうと,明るい新しい時代がとにかく近づいていると考えます」と,前述した第19回国会での発言の「病気を治すこと」から「原子力発電」の表現に変化,原子力発電を「明るい新しい時代」につなげ受容する姿勢が読み取れる(「第33国会・参院・商工委員会議事録」5号,1959.12.3)。この認識を変える契機となった事柄が,次に述べる1962年の「国立放射線医学総合研究所」見学会である。

(2) 平和利用に対する不安と疑問

ビキニ事件から8年後の1962年4月20日,主婦連会員が原子力の平和利用に対して疑問や不安をもった最初の契機となる見学会が企画された。見学場所は千葉にある国立放射線医学総合研究所(現国立研究開発法人放射線医学総合研究所)。当日参加した会員70名は,放射線の医学的利用や放射線防御など原子力の平和利用を研究する科学者たちから丁寧な説明を受けた。ところが,核爆発の人体や農作物への影響など会員から発せられた切実な質問に対しては,科学者たちは「わからない」を連発した。会員は科学者にも答えられないことがあるという不安と,情報を隠さずに知らせているのだろうかという疑問を抱えることになった。加えて放射線を当てられ毛が黒変した二十日鼠の前で足が

釘付けになった会員たち（『たより』No.155, 1962.4.15）が抱いた「科学の発展によっていのちや健康が脅かされる」という「気づき」は，原子力潜水艦寄港問題にも眼を向けることになり（『たより』No.184, 1964.11.15），生活者視点で原子力の平和利用の安全性を追究する萌芽となった。

以上，1962年に抱いた疑問と不安の「気づき」の芽は1973年の第2の「気づき」に受け継がれ，原子力平和利用に対する安全性追求や反核・反原発運動へと貫かれていった。同年，東海村原子炉で原子の火が灯され，以後原発建設が促進されていく。

（3）公害とユリア樹脂摘発にみる安全性の追求

1960年3月から4月にかけて各国の消費者テスト機関がオランダのハーグに集まり第1回国際協議会が開催され国際消費者機構（IOCU）が誕生する。世界各国で消費者保護の必要が問われていたのだった。会員資格は消費者運動機構であり，業界の支援や影響から独立した非営利機構であることで，主婦連は1963年に加入した（『たより』No.174, 1963.12.15）。1984年にIOCU名誉顧問となった野村かつ子が寄稿する「海外たより」の情報や「原子爆弾と原子力発電は同じ問題」と捉える（『たより』No.355, 1979.3.15）ラルフ・ネーダー等海外の消費者運動のリーダーとの交流もIOCU入会を契機に生まれた。地球規模で捉える「平和・いのち・くらし」の情報は，原水禁・反原発を人類全体の問題として考える機会をつくった。

公　害　60年代以降の消費者運動の特徴は公害と安全性の追求である。1964年4月には庄司光・宮本憲一著『恐るべき公害』（岩波新書）が出版される。1961―62年に全国で発生した公害が「公害日記」として記録され，「大気汚染・水汚染」がそのほとんどを占めており，いのちと健康の土台となる大気や水が危機的状況を抱えていたことがみてとれる。その代表例が水俣病で，主婦連の機関誌でもくり返し取り上げている（『たより』No.229, 1968.4.15）。

1965年以降70年代にかけての『主婦連たより』の誌面に公害発生の記事が増加する。例えば「毒ガスの中に住む庶民」（『たより』No.197, 1965.12.15），「公

害追放に立ち上がろう」(『たより』No. 229, 1968.4.15),「ひどくなるスモッグ」(『たより』No. 235, 1969.3.15) などや,「人命尊重の厚生行政を／食生活を脅かす農薬」(『たより』No. 201, 1966.4.15) などに加えて,アメリカで妊娠中の母親の歯科診療でのX線照射を警告したラルフ・ネーダーの活躍やソ連放射能研究所の放射能汚染研究なども紹介され,いのちと健康に関わる安全性に強い関心が向けられていく。

1967年5月,『安全性の考え方』(岩波新書) が刊行された。編者は立教大学理学部教授・武谷三男である (後述,「主婦大学」講師)。そのまえがきには「科学の悪用に対する戦後最大のたたかいは原水爆の「死の灰」に対する日本国民の闘いである」と記され,安全性追求で活躍した人々を記録した。その構成は「主婦のちから／小児マヒと母親／水俣病／公害の街四日市／沼津市・三島市・清水市住民の勝利／三井三池の悲劇／白ろう病／原子力の教訓／薬の危険性／加害者と数字／「原因不明」のからくり／法律の限界／安全性の哲学」と,60年代の日本の社会を切り取るかのように,異なる分野で活動する人々のたたかいが記録されている。

ユリア樹脂摘発 その最初に取り上げられた「主婦のちから」(前掲『安全性の考え方』1-17頁) が,主婦連の女性科学者たちによるユリア樹脂食器摘発の功績である。その安全性追究の試みは1966年のことで,「幼児用の食器が耐熱性というので茶碗蒸しを作ったらヒビが入った」という苦情からはじまった。ユリア樹脂は摂氏65度までは耐えられるがそれ以上は変形する。ユリア樹脂の原料は尿素とホルマリンで,ホルマリンは殺菌・消毒・防腐の作用があり毒性も強い。試験室に集めたユリア樹脂製食器に熱湯を注ぐとホルマリンが出た。主婦会館3階に配置された「日用品試験室」の主任高田ユリら3人の女性科学者たちは「幼い子供たちを守る」という信念で,ユリア樹脂食器301点のテストをくり返した[16]。その結果を「プラスチック製食器調査結果報告書－ユリア樹脂を中心として」にまとめて発表し,資料を提示してユリア樹脂食器の製造販売の禁止を行政と業界に要望した。その活動は業界の圧力を受けたが,綿密なテスト結果で裏打ちされたデータは厚生省を動かし,新しい衛生基準の規

格が告示され，品質表示も明確にされて安全性を獲得することができた（『たより』No. 205, 1966.8.15, No. 206, 9.15, No. 209, 12.15）。この「日用品試験室」の女性科学者たちの功績は，科学的な調査に基づいて行動することを基本姿勢とする主婦連にとって，歴史に残る功績となった。翌1967年，消費者保護基本法が成立する。産業優先の政治から生活優先の政治への転換の訴えは，消費者の権利を守り，原子力平和利用の安全性追究にも生かされていく。

(4) 原子力平和利用の安全性を問う

1970年代の主婦連は高度成長期に生み出された産業公害との闘いの最中にあった。1968年に消費者保護基本法が成立しているにも関わらず，公害発生件数は60年代と比較して圧倒的に70年代の方が多く，内容も多様である。1970年8月の『主婦連たより』の主張は「公害に主婦の怒りを結集しよう」と呼びかけ，「公害暴風雨が日本列島に吹き荒れている」と前置きして光化学スモッグ・ヘドロ・水銀・カドミウム汚染（イタイイタイ病）・一酸化炭素・亜硫酸ガス・騒音・BHC汚染牛乳・産業廃棄物・農薬・食品添加物・種痘・医薬に加えて交通禍・物価高・住宅難・麻薬・冷暖房禍をあげている。その上で，「消費者，住民側も被害を隠したり夫の勤めている会社だからと遠慮して，沈黙してきた例が余りに多い」と指摘している（『たより』No. 252, 1970.8.15）。

ついで11月の主張欄は，「経済性と公害」と題して産業の発展で公害が激増したことをあげ，「安全性と経済性の両立は所詮不可能なのか」と疑問を投げかけ「安全なき経済性は絶対に排斥しなければならない」と主張した（『たより』No. 255, 1970.11.15）。消費者運動の公害との闘いは，個々の会員に企業の不正義に眼を瞑らない「個の確立」を求めていた。

1973年9月の『主婦連たより』は，新潟支部が発行する「消費センターだより」に掲載された放射線照射問題を，「身近にある放射線―その安全性は」と題して取り上げた。その内容は，原子力委員会の下で1967年9月に「食品照射の研究開発計画」が開始されたことと，コバルト60照射によるじゃがいもの発芽抑制が1972年に実用化段階に入ったことを伝え，「これ以上不安はご

めんだ」と安全性を問うものだった。今後は殺菌・殺虫・熟度調整など対象品目拡大（7品目じゃがいも・玉葱・米・小麦・みかん・魚練り製品・ハム／ソーセージ）や，レントゲン検診も含めて，身近にある放射能の安全性を問う必要性があると警鐘を鳴らした（『たより』No. 289，1973.9.15，No. 332，1977.4.15）。これは原子力平和利用の安全性に疑問をもった第2の「気づき」となる。1974年5月15日，通産大臣中曽根康弘は国会答弁で，原子力発電所が公害を生み出す可能性を示唆しており（「第72国会・衆院・商工委員会議録」第35号）原子力の安全性学習の動機ともなった。

(5) 原子力発電の安全性—科学者から学ぶ

武谷三男と久米三四郎　主婦連では，会員を対象とした生涯教育を重視，科学的裏付けがある学習の場として毎年9月に「主婦大学」を開催している。1974年の第26回は6講座が設定され，その講師の1人として前掲の武谷三男を招いている。武谷のテーマは「安全性について－原子力から添加物まで－」とされ，「主婦大学」のテーマにはじめて「原子力」が加わった。

　第27回講座（1975.9.19）では，大阪大学講師・久米三四郎が「原子力の安全性について」をテーマに講義した。久米は「四国電力の伊方原発差し止めの行政訴訟の原告側（住民側）の特別補佐人として裁判に関わっていて，当時すでに日本全国で起こっていた反原発の運動の住民にとっては，最もたよりある専門家」であった[17]。久米の講義は一番関心が高かった内容で，6項目にわたる講義内容の要約「原発の是非／原子力発電所の仕組みと問題点／漏れ出る死の灰／放射能の性質／死の灰のゆくえ／プルトニウム」が，翌月の『主婦連たより』に再録され（No. 314，1975.10.15），全会員が原子力の安全性について基礎知識を得ることを可能にした。この原子力の安全性についての講座が連続して設定された背景には，公害問題で法整備も要求し安全性を追求してきた主婦連の実績を踏まえた姿勢があり，原子力の安全性についても基礎知識の共有を必要とする状況が生じていたのではないだろうか。何故なら，筆者が『主婦連たより』（1948.9-2011.12）を見る限り，長崎・新潟・鳥取などの会員からは原

子力の安全性に関わる草の根運動の報告や発言があるのに対し，原発が集中立地する福井の会員からの発言や報告は一切みられない（後述，近藤久子見解）。こうした状況の克服には会員間の共通理解を醸成する基礎知識が必要だったと思われる。

(6) 原子力平和利用への疑問から反原発へ

　先述したように，主婦連の原子力の平和利用に対する認識の変化は，放射線医学総合研究所見学（1962）や農産物の放射線照射の応用（1973）等，医療・農産物など身近な原子力の平和利用に不安や疑問をもったことにはじまる。さらに，ユリア樹脂摘発や高度経済成長期に発生した公害の具体的な実践調査に基づく安全性を保障する法整備などの取り組み，加えて「主婦大学」で原子力の安全性についての科学的基礎知識を獲得していった意義は大きい。

電気料金値上げ　次の「気づき」は，家計への影響が大きい電気料金値上げ問題である。まず，田中内閣の下で原子力エネルギーにシフトした電源三法に基づく 1974 年の値上げに対しては，5 月時点で「電気料金の支払いは自分の手で，自動振替はやめよう」と，銀行任せにせずに自ら電気料金の領収書確認の励行を勧め（『たより』No. 297-298），その後，消費者が支払う電気料金に政治献金が含まれていたことが発覚し，8 月には消費者団体・市民グループの追求で，電力会社に献金を取りやめさせた（『たより』No. 300，1974.8.15）。

　1976 年 5 月の値上げ時には清水鳩子が主婦連を代表し参考人として国会で発言。全電力使用量の 73.6％が産業用で家庭用は 26.4％であるにもかかわらず電気料金収入の 34.4％は家庭用から徴収し，産業用に比べ消費者負担率が高い。また徴収した電気税の大部分が電源開発費用で，原発建設費用のツケは全部消費者にまわってくるとして，「値上げの狙いは原発中心の電源開発」と問題の本質を明らかにして，値上げ反対の意見を述べている（「第 77 回国会・衆院・物価問題等に関する特別委員会議録」第 5 号，1976.5.11，『たより』No.322，1976.6.15）。

　こうした事態に対し主婦連は，「誰のための電気事業か，産業中心の電源開

発で再び高度経済成長のにがい経験をくり返そうとしている」と，原子力開発に疑問を投げかけ世論を巻き起こして，政府や電力会社に国民生活優先と，公害のない環境つくりのための電力需給計画に切りかえるようはたらきかけようと呼びかけた（『たより』No. 323，1976.7.15）。個人会員で「ひとりひとりが原子力の恐ろしさを考える会」の加藤真代は，電気料金を黙って支払うことは，原発に力を貸すことになると，電気料金不払いを実践して10日余り電気なしの生活を実践している（『たより』No. 329，1978.1.15，前掲『わたしの消費者運動』226頁-227頁）。

反原発の表明　以上みてきたように，主婦連は高度経済成長期に企業によって生みだされた多種多様な公害問題を，安全性追究を前面に出して関連諸官庁に出向き政策に反映させる活動に加え，電気料金値上げ問題と取り組む過程でも原子力発電所建設による家庭経済の負担を国会の審議会でも参考人として明らかにしてきた。このくらしの実践活動と学習による科学的思考の拡がりと深まりが，原子力平和利用の言説に囚われない認識の変化を生みだしていったといえよう。

　1977年10月，主婦連は高田ユリ副会長を先頭に東京で開催された「原子力発電はいりません」と主張する反原子力週間'77に参加し，有楽町の消費者センターに「巨額の原発建設費は私たちの電気代にはね返ってきます」と記したパネルを展示した。10月26日の「原子力の日」に合わせて開かれた集会は「原子力発電の安全性・経済性・必要性に疑問を表明し，強引な開発にストップをかけよう」と考えた団体や個人が集った。高田は，武谷三男，市川房枝らとともに「原子力開発を考え直そう」の呼びかけ人となり，「原子力開発が核武装・軍事利用と不可分であること，核廃棄物やプルトニウムは，子孫の生存を脅かし数十万年にわたって不安を与え続けるものとなる」と訴えて，「反原発」を明確に表明したのだった（『たより』No. 339，1977.11.15）。

（7）原子力の平和利用という美名のもとに—米・ソの原発事故

　主婦連が「反原発」を表明した1年5か月後，アメリカのスリーマイル島で

『主婦連たより』No.356, 1979.4.15　スリーマイル島事故を伝える

原発事故が起きた（1979, 3, 28）。4月15日付『主婦連たより』の1面見出しは、「アメリカの原発事故／適中した不安／原子力発電をとめて総点検せよ」である。リード文の書き出しは「原子力発電は原子力の平和利用という美名のもとに世界中に広がりました」（傍点筆者）である。この「平和利用という美名のもとに」という表現は、「主婦連では、五十三年度〔1978〕の運動目標に『原子力発電は、安全性の不確かなままに建設することに反対する』と決議しています」からくる表現（『たより』No. 346, 1978.6.15）で、科学的裏付けのある消費者運動を目指してきた主婦連が、原子力の平和利用の言説に囚われなかった姿勢を明確に示している（『たより』No. 356, 1979.4.14.「運動方針」1978-83, 87）。

　早速、主婦連を含む4婦人団体（全国地域婦人団体連絡協議会・東京都地域消費者団体連絡会・日本婦人有権者同盟）は連名で、原発操業停止と総点検を政府及び関係諸機関を訪ねて訴えた。誌面には高田ユリが原子力委員長に要望を伝えている写真が掲載された。1面のリード文では「生命を生み、育て、守る母親や女性の立場から、操業をストップして総点検せよ」と記されるが、諸官庁・関係機関に出された「要望書」では「私共、子供を産み育て、暮らしを

守るものにとって」と変化する（『たより』No. 356）。「平和・いのち・くらし」の問題を母性原理に依拠しつつも，消費者運動の軸ともいえる生活者原理で捉えようとしていることがみてとれる。

高木仁三郎　「主婦大学」の原子力についての講座は80年代に入ると，第34回の埼玉大学教授・市川定夫による「原子力と遺伝子工学の生物学的安全性」（1982. 9. 22）の講義を経て，第38回は原子力資料情報室世話人・高木仁三郎による「チェルノブイリ事故と原子力発電の安全性」（1986.9.19）の講義が行われた。1986年4月26日のチェルノブイリ原発事故から約5か月目であった。その内容は，「放射能汚染は地球的規模で拡散／低レベルでもガン－こわい体内被曝／天然とは違う人工の死の灰／原子炉を一年間運転するとどの位の放射能ができるか／ソ連国内の状況は／世論で誤った軌道修正を／非人間的な巨大技術考え直すべきとき／脱原発めざすヨーロッパ」と多岐にわたり，具体的事象と数値を挙げ検討材料が提供されている。高木は日本の原子力発電所の現状（1986年7月時点で運転中33基，その後51基）を伝え，「日本は33基も抱えているのだから，日本中が原発の『地元』であるという問題意識で真剣に考えてほしい」と訴えた。「学んだことを運動のバネに」と記された紙面全体を使って大要が掲載され，会員共通の基礎知識として届けられた（『たより』No. 447, 1986.11.15）。

　以上，「主婦大学」の原子力に関わる講演者は，何れも「安全性」をテーマにしており，「市民とともに考えていこう」という科学者であった。主婦連の会員が，70年代から80代にかけて原子力の安全性を考えるための基礎知識を学んでいたことの意義は大きい。

3. 主婦連合会と草の根運動

　高度経済成長によるくらしの変化は，農村社会に構造的な変化をもたらした。特に沿岸部の過疎地域では原子力発電所建設問題が起き，各地で草の根の建設反対運動が展開することになる。

主婦会館の建設　1951年，第4回総会の代表挨拶で奥むめおは運動目標に全

国組織結成を掲げた。その実現のために、北海道から九州まで全ての婦人団体が主婦連とともに強力な連合体をつくることと、固定した活動拠点を確保し、科学的データを得るための実験室も設けた主婦会館の建設を訴えた。この主婦会館建設資金については、1949年から開始していた積み立て金を「基金」として目標額「総額壱千百万円」の募金を会員に呼びかけた[18]。その額は、職業婦人社以来むめおと交流があった平凡社社長下中弥三郎（当時）が申し出てくれた土地の購入代金だった（『主婦連と私』1-2頁）。1956年、待ち望んだ主婦会館が市ヶ谷駅前に落成した。通算7年に及ぶ募金活動は主婦連活動の結束力を強めた[19]。

中央委員新設と「地方たより」　創立から18年目の1966年の総会で、地方代表から中央委員が新設されることになった[20]。総会では「すべての消費者が団結すれば世界を変えることができる」をスローガンに掲げ、1967年度の中央委員は被爆地2県と原発立地8道県をふくむ地方代表から25人が選出された。60-70年代の主婦連では、全国の草の根運動の情報を共有する機会が積極的に作られていった。

　今回、主婦連が反原発を掲げていく道程を『主婦連たより』でたどると、各地域の活動が「地方たより」に掲載され、全国の会員同士が情報を共有し、ともに学び合う場が提供されていた。後述する長崎の小林ヒロ（中央委員）からは被爆地の原水爆禁止運動と原子力船「むつ」の受け容れ問題が、新潟の谷美津枝（中央委員）からは食品添加物問題／水道フッ素添加問題／農薬の空中散布／巻原発建設問題の動きが[21]、鳥取の近藤久子（地方代表）からは湖水問題と青谷の長尾鼻岬原発建設問題が[22]、地域の草の根の声として発信されている。彼女たちは長崎・新潟・鳥取と、それぞれの地域活動で中心的役割を担った女性たちで、地域活動を通して自治体行政の枠を拡げ国政とつながらなければ解決しない問題があることを察知した人々でもある。彼女らは、原子力に関わる地域の情報を共有することで問題の本質を捉えていった。

長崎・小林ヒロ（1898年生）　県立女子師範学校卒業のヒロは被爆体験者として1950年以降、市議会や県議会の議員を務めつつ婦人会の平和運動を率いて

きた。『主婦連たより』での小林ヒロの初見は 1961 年 12 月の全国代表者会議の「苦情窓口」設置報告である（『たより』No.151）。ヒロは長崎県婦人団体連絡協議会会長と全地婦連副会長を兼務し，主婦連の中央委員も担った（『たより』No.216，1967.7.15）。1972 年 10 月には，「中央での消費者運動，婦人活動をつぶさに学習し，経験させ，長崎の婦人会館でその体験を生かすためには主婦連が最適」との判断で，長崎から臼井直江（後に主婦連事務局員）を連れて四谷の主婦連の事務局を訪れ，長崎出身の春野鶴子副会長や中村紀伊副会長，清水鳩子事務局長たちに直江を紹介している（『主婦連と私』85-86 頁）。4 年後の 1976 年 3 月，「被爆県民でさえ受け入れたと言わせたいのか」ではじまる「原子力船『むつ』受け入れ反対」のヒロの抗議文が，8 段組で『主婦連たより』に掲載された（『たより』No.319，1976.3.15）。ヒロは 1974 年に放射能漏れ事故を起こして彷徨する「むつ」の原子炉の安全性を問うとともに，石油危機を口実にアメリカから大量の原子炉と核燃料を買い込み，今後 10 年間に 30 か所以上の原子力発電所をつくろうとしている国家政策に問題の本質が在ることを抉（エグ）り出している。その 2 か月後，ヒロは被爆者の声を国政に反映すべく，受け入れ反対を参考人のひとりとして国会審議で発言したのだった[23]。

新潟・谷美津枝（1917 年生）　谷美津枝が個人会員として主婦連に参加したのは主婦連創立から 6 年目の 1954 年だった。新潟食生活改善普及会の運動の発端は，子どもたちを健康にするために有害食品を追放することだった。その活動の普及を考え婦人会に入会するが，「国が大丈夫というなら大丈夫」という姿勢だったため 3 か月で退会する。美津枝たちメンバーは地方行政単位で改善するのは限界があることに気づき，主婦連に入会した。その後，美津枝は主婦連新潟支部長となり中央委員も担う。60 年代は有害食品追放／残留農薬問題を，60 年代後半-70 年代は虫歯予防フッ素添加問題で主婦連中央に提起，文部省・厚生省・歯科医師会も巻き込んで中止させた。また普及会の『消費者センターだより』に 1962 年に掲載した放射線照射食品問題は『主婦連たより』に転載され，原子力平和利用の安全性を問う契機をつくった。原発問題では 1979 年「新潟巻町の反原発運動」報告を（『たより』No.359），つづけて 1981

年には「もしも隣の町に原発が建てられるとしたら」で，新潟支部の取り組みを（『たより』No. 380），1983年総会では「原子力発電所設置には行政に安全の確認をとらせる運動」を報告した（『たより』No. 406）。90年代後半は農薬空中散布問題／脱原発運動／遺伝子組み換え食品問題／プルサーマル計画問題等，新潟支部の調査研究が主婦連中央を動かし，他の消費者団体とも連携し全国的な運動を展開した。

鳥取・近藤久子（1911年生）　『主婦連たより』で近藤久子の初見は，小林ヒロと同じく全国代表者会議が開かれた1961年12月である。この年，鳥取県連合婦人会は主婦連の生活部に入会（『鳥取県連合婦人会50年のあゆみ』年表106頁），毒性が強い農薬の使用禁止／食品添加物／合成洗剤追放など，安全性に力をいれた。久子は自著『暮らしの視点』（米子今井書店，1996）で，1981年に入り敦賀原発が冷却水漏れを2度も隠蔽していたことを取り上げ，「原発に寛大であったともいえる福井県の人たちも，日本原電はもはや原発を扱う資格がないと怒っているというが当然であろう」（238-239頁）と記した。この久子の原発立地県福井に対する見解は，資料探索で得た筆者の見解（2の(5)）と合致する。久子は1986年6月の総会で「（青谷の長尾鼻岬）原発建設反対運動を展開している」ことを報告（『たより』No. 442）し，翌1987年には非核都市宣言を求めて10万人署名に取り組む長崎県婦人団体連絡協議会会長・小池スイ宛に「原発に狙われている地域の人たちは，その安全性，経済性の両面から根気よく反対運動をつづけています」とエールを送っている（『たより』No. 455）。久子とスイは主婦連の会議でも隣席が多く，1988年の第3回国連軍縮特別総会にも共に参加，久子は草の根運動の有機的なネットワークつくりの大切さを実感して帰国した。1990年の主婦連総会では全国から集った代表を前に「ようやく電力会社があきらめかけるところまでこぎつけた」と報告している（『たより』No. 490，1990.6.15）。彼女の活動を支えた指針の1つに『主婦連たより』があった（『たより』No. 527，1993.7.15）。

おわりに

　本稿の目的は，消費者団体である主婦連が，国策である原子力の平和利用の言説に囚われなくなった要因を明らかにすることであった。主婦連に対する評価は，国防婦人会を想起させる割烹着姿と，性別役割分業の象徴とも捉えられる杓文字(シャモジ)を担いだ集団の印象が強く，ともすれば世俗的，保守的集団として認識され，従来の女性解放史としての研究対象から取り残されてきたともいえる。

　だが，ビキニ事件と原子力の平和利用に関る資料探索で閲覧した『主婦連たより』の記載内容は，主婦連に対する上記評価を払拭させるものだった。

　主婦連は，1954年のビキニ環礁水爆実験で被爆した第五福竜丸事件では，原子力の軍事利用として直ちに原水爆禁止を表明する一方，他方では「原子力は両刃の剣」と捉え，原子力の平和利用を国家経済の視点で容認の姿勢を示した。

　しかし，高度経済成長期の60年代と70年代の初頭には，主婦連の原子力平和利用の捉え方に変化の兆しがみえる。最初の契機は1962年の国立放射線医学総合研究所見学で，放射線医学には未知なる部分が多いことに気づいたことであり，第2の契機は1973年に農作物や加工食品を対象とした放射線照射実用化の安全性に疑問をもったことである。以上2つの契機は何れも消費者のいのちと健康を守る視点から生まれており，50年代の国家経済的視点に立った捉え方とは異なる認識の変化がみられる。さらに，60年代から70年代の高度経済成長期の消費者運動は，企業利益優先で生み出された公害とのたたかいであり，そこでは，いのちやくらしを守る安全性追求の運動が蓄積されていった。

　この安全性追求で得た視野の拡大と思考の深化により原子力発電の安全性にも眼が向けられ，学習を積み重ねていった。その結果，1976年の原子力船むつ受け入れ問題と電気料金値上げ問題の本質が，国家の核エネルギー政策と結ぶ電力産業の巨額な原子力発電所建設に帰結することを捉えていくことになる。

　1977年10月24日，当時主婦連の実質的牽引者であった高田ユリは，「原発の安全性に問題がある」として，「反原子力開発」を表明した。それは，アメ

リカのスリーマイル島原発事故（1979.3.28）の1年5か月前のことであった。

　主婦連が，いのちや健康を脅かし，くらしを破壊するものに対する不安や恐怖を克服するための行動と併せて，原子力問題に対する多面的な運動を進めてきたことこそが，主婦連による消費者運動の重要な側面だったといえよう。

注

1) 奥むめお（1895-1997）は福井市生まれ。日本女子大学校卒。参議院議員3期18年（1947-1964）。初代会長41年（1948-1989）。1997年7月10日奥むめお告別式の葬儀委員長は三木睦子。「私の政治生活は主婦の生活と政治を結びつけることに終始しました」『主婦連と私』主婦連合会1978．1頁。人手なく娘（中村紀伊）と姪（清水鳩子）を手伝わせる。
2) 春野鶴子「くらしの中に政治がいっぱいだったのです。主婦の不満や悲しみ希望を国会につなぎ，主婦たちには，身近なものから政治への開眼をされた」「くらしの中に政治が一杯」前掲『主婦連と私』2-3頁。
3) 小林トシエ「『主婦連たより』を活用（中略）お陰で政治問題やあらゆる社会問題に関心が持てるようになりました」「しがらみ会と主婦連」前掲書『主婦連と私』62頁。
4) 後藤俊「あの頃の思い出十五年感無量です」前掲書『主婦連と私』92頁。「新しい時代をたぐりよせよう」『たより』No. 350，1978.10.15，1頁。
5) 1958年『たより』No. 106では，「グループ活動の報告」として「住宅・商品試験・社会教育・衛生」を掲載。1967年『たより』No. 210では，「住宅・衣料・日用品・食糧・社会教育・物価・牛乳」の活動が記されており，消費者問題の変化に柔軟に対応して部がつくられ学びつつ活動していることがわかる。
6) 「（母＝坂井いちは）自分は学歴がないから，一主婦として実践していることを基盤として勉強するのだと，夏期大学へ通ったり，講演での詳細なメモを家で質問を浴びせる等，くり返していました。主婦連が本当に生きがいだった」坂井智晴「我が母と主婦連」前掲書『主婦連と私』95頁。
7) 清水鳩子証言：聞き取り2012.12.6，主婦会館。「『主婦連たより』第1号の発行者は吉村鳩子（旧姓）先生が原稿を書き，今は亡き後藤俊さんといっしょに主婦連だより1号を作った（中略）奥会長は仕事に対してはひどくきびしかった」清水鳩子「夜更けと寒さと涙と」前掲書『主婦連と私』83頁。
8) 1956.2.3-5の懇談会発言・婦人参政十周年記念実行委員会『婦人参政十周年記念・全日本婦人議員大会　議事録』1956年275頁。『たより』の「各政党の政策を聞く」は，1965年以降は共産党・公明党も招請。
9) 松田宣子「消費者運動の科学的な核」高田ユリ写真集編集委員会『消費者運動

に科学を―写真集高田ユリの足あと―』ドメス出版, 2009, 49頁。
10)「清水鳩子」国民生活センター『消費者運動50年』ドメス出版, 1996, 97頁。
11) 三宅泰雄監修『ビキニ水爆被災資料集』東京大学出版会, 1976, 501頁。武谷三男『死の灰』岩波新書, 1954.8.6。魚屋の店頭表示は写真に記録される。『アサヒグラフに見る昭和の世相10』朝日新聞社1976, 35頁。
12)「第19回国会・衆院・水産委員会・議事録」20号, 1954.3.26 東京都中央卸売市場長本島寛参考人発言。
13) 1954年に問題になった有害徽米。厚生省は「大丈夫」といったがその後発ガン物質と判明。
14) 連絡会は8団体(原水爆禁止東京協議会・主婦連合会・第五福竜丸平和協会・東京都原爆被害者団体協議会・東京都生活協同組合連合会・東京都地域消費者団体連絡会・東京都地域婦人団体連盟日本青年団協議会)『たより』No.620, 2001.4.15。大石又七については本書石崎昇子論考参照。第五福竜丸保存協会理事を務めた斎藤鶴子については本書永原和子論考参照。
15) 洗濯機・冷蔵庫・テレビ(初期は電気炊飯器か電気掃除機)川添登「電化」『女の戦後史』Ⅱ, 朝日選書, 1984, 22-23頁。
16) 高田ユリ(第2代会長1989-1991)が主婦連に関わる経緯は『主婦連と私』1978, 3-4頁。国民生活センター編『消費者運動50年― 20人が語る戦後の歩み―』ドメス出版, 1996, 80-100頁。高田ユリ写真編集委員会編『消費者運動に科学を－写真集高田ユリの足あと』ドメス出版, 2009。
17) 高木仁三郎『市民科学者として生きる』岩波新書, 1999, 140頁。
18) 平凡社社長下中弥三郎と奥むめおの関係は, 下中が1923年に職業婦人社を設立した際, 編集員の一人として奥むめおが参加したことにはじまる。『職業婦人』は同年9月の関東大震災の影響で休刊。翌1924年には『婦人と労働』と誌名を変えて発行。翌年の1925年には『婦人運動』と誌名を変え1941年8月の用紙不足による整理統合で廃刊。
19) については、①②③の内容別提示。①「四谷駅前の主婦会館の現在の地は亡き平凡社社長の下中弥三郎さんが, 奥むめおに売りたいと云って下さったのです。それには一つの条件がありました。長い貧乏生活をつづけてきた奥氏のことだから一千万円あまりの金を耳を揃えて持ってくることは六ケしかろうが, 平凡社としてはこのいい土地をよその競争者にとられてしまうのはあまりに惜しいと。この使いに立たれたのは平凡社の会計部長斉藤道太郎さんでしたが, 私は斉藤さんとも相談をして, まとまった金子が出来ると, 斉藤さんにこの金子を渡し, これから後のプランを下中さんに話して貰いました」奥むめお前掲書『主婦連と私』, 1-2頁。
②「昭和26年, 始めて主婦会館建設のことが議題になってからこの方, 東京組は廃品回収に, 共同作業の内職に, 小銭集めに, 積立預金に, ありとあらゆるこ

とをして持ち寄り積み立て，百三十万を作って基金とし，寄付集めに入ってからは集中的に動いてここまで仕上げることができました」「主婦会館完成せまる」（『主婦連たより』No. 84, 1995.11.15）。
③一般財団法人主婦会館「平成25年度貸借対照表・正味財産増減計算書：自平成25年4月1日至平成26年3月31日」に「固定資産　土地10,000,000」と記載されている。
20) 中央委員は，1966年の規約改正により主婦連に新設され，地方代表から選ばれた。全国の声が反映されるようになり，ネットワークがつくられていく。
21) 谷美津枝著『命　食にあり―農薬・化学物質追放に取組んだ五十年―』積文堂，2000。谷美津枝著「有害食品の追放一すじ」前掲書，69頁。巻原発反対運動については本書早川紀代論考参照。
22) 鳥取県青谷・長尾鼻岬原発反対運動と近藤久子については本書金子幸子論考参照。
23) 「第77回国会・衆院・科学技術振興対策特別委員会議事録」7号，1976.5.19。「むつ放射線漏れ問題調査報告書」『原子力委員会月報』第20巻第5号，科学技術庁原子力局発行1975。小林ヒロについては国武雅子「長崎市婦人会の平和運動―反原爆と反原発をつなぐもの」『全国女性史研究交流のつどいin岩手報告集』。小林ヒロと小池スイについては長崎女性史研究会『長崎の女たち』長崎文献社，1991，133-141頁。

第2部

いのちとくらしとふるさとを守る
― 鳥取県青谷・気高原発阻止運動を担った地域婦人会 ―

金子幸子

はじめに

　2011年3月11日までに日本国内では54基の原発が稼働していた。一方で、原発立地を阻んだ地は30か所以上あった（2012年11月現在）[1]。その1つが鳥取県気高郡(けたか)の青谷(あおや)・気高原発（以下、青谷原発と略記）建設阻止運動である。鳥取県では1981年3月地域紙2紙により、中国電力が気高郡（現、鳥取市）青谷町長尾鼻に原発設置を計画していることを報じた。反対運動はすぐに起こり、地域から県下へと広がって、1982年までに計画をほぼ食い止めることに成功した。この運動に関わった土井淑平は、主な活動を次のように示す。第1に地元での青谷町原発設置反対の会の結成、第2に気高郡連合婦人会による9000名余りの署名陳情、第3に県内各界代表による反対共同アピール、第4に県下市民グループの連携、第5に青谷町議会の反対決議である。なかでも最も重要な役割を果したのが地域婦人会であったとし、鳥取県連合婦人会会長・近藤久子と、気高郡連合婦人会の村上小枝(さえだ)、小泉澄子、そして岩田玲子の名前をあげている[2]。この小稿では、地域に暮らす女性たち―地域婦人会の活動に焦点を当て、なぜ彼女たちがいち早く反対運動に立ち上がり、原発設置阻止への積極的な取り組みが可能であったのか、を探っていくことにしたい。タイトルに掲げた「いのちとくらしとふるさとを守る」は気高郡連合婦人会（以下、「連合婦人会」を「連婦」と略）の活動目標である[3]。

　先行研究では気高郡連婦のこの運動について『とっとりの女性史』が短く取り上げているのみである[4]。近藤久子に関しては竹安栄子による論考が2点あり、いずれも日野郡根雨町（現、日野町）における近藤の地域活動に着目している[5]。これに対して本稿は主に県連婦会長として青谷原発反対運動に関わっ

た近藤久子について論じていくものである。

1. 青谷原発建設計画と反対運動の動き [6]

前史（1970 年代）　1971 〜 72 年頃に長尾鼻の土地買い取りに大阪の開発業者が動き，ダミー会社を通じて中国電力の買収工作かと見られたが，実現せずに終った。72 年 7 月『神戸新聞』が但馬（兵庫県北部）原発構想の再燃を報じると，8 月に浜坂火力・原子力発電所設置反対運動が活発化し，西隣の鳥取県岩美町でも共闘して運動が始まり，設置を食い止めた。島根県では中国電力が 74 年 3 月に島根原発 1 号機を稼働，89 年 2 号機も稼働させている。

　1979 年 3 月 28 日米国スリーマイル島で原発事故が起こった。その約 3 か月後の 6 月 15 日鳥取県では『日本海新聞』が「青谷も候補地だった!?　あす『原発を考える集い』」の見出しをつけて，中国電力が気高郡青谷町長尾鼻で原発建設の予定であることを示唆した。翌日の「集い」では浜坂原発反対運動に鳥取県岩美町側から参加した吉田達男（社会党県議）が呼びかけ，原子力発電の公害を考える会・原水禁鳥取県民会議・鳥取県総評の共催で小出裕章（京都大学原子炉実験所）講演会「私たちは原子力発電と共存できるか」を開いた。鳥取県連婦はこれを後援しており，参加した気高郡連婦の女性たちは原発阻止に取り組むことを決意する。11 月 25 日気高郡連婦の大会で小出の講演とスライド上映の後，原発建設反対を申し合わせた。

　鳥取県気高郡は鳥取市と倉吉市の間にあり，日本海側の東に青谷町，西に気高町，そして内陸部の南に鹿野町がある。建設予定の青谷町長尾鼻は小さな岬で絶壁を成し，風光明媚な磯釣り場としても知られる。青谷町は米・梨作りの農業や漁業，ほかに伝統的な工芸品として因州和紙作りがある。鳥取市の通勤通学圏内であり，JR 各駅停車で 30 〜 40 分ほど。ただし予定地は先端部ではなく直線で約 1 キロ南東の松ヶ谷で，気高町との境付近に位置したため，原発反対運動では「青谷・気高原発」と呼ばれるようになった（図 1）。1980 年の人口は青谷町 9540 人，気高町 1 万 6 人である。

問題の表面化と反対運動　青谷原発建設計画が表面化したのは，1981 年 3 月 7

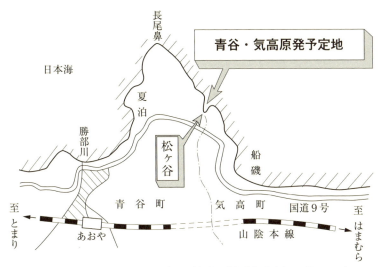

図1　青谷・気高原発建設予定地（出典：『開発と公害』29号，1985）

日『日本海新聞』の「原発建設　青谷町も有力候補地」と『中国新聞』の「中電第3原発　候補地に長尾鼻（鳥取）も浮上」の記事による。これは共同通信社の土井淑平が中国電力の労働組合，電産中国より得た情報で，土井は既に市民有志，県および気高郡連婦，県総評，自治労，日本キリスト教団教会などに伝えていた[7]。この記事を契機に反対運動は本格的に始まっていく。早くも同日に県総評は臨時大会で青谷原発建設計画に反対することを特別決議し，続く10日に自治労鳥取県本部も臨時大会で反対アピールを出した。ただし，県総評議長の遠藤崇（国労）は「県総評は前に出ず，市民運動を背後から支援する」という立場をとった。兵庫県で浜坂原発反対運動を担った岡田一衛も同様の意見をもっていた。

　他方，鳥取県議会では，80年7月1日に平林鴻三県知事（在任1974～83，その後衆議院議員，自民党）は原発について「関係者から相談があれば，積極的に応じていきたい」との趣旨を発言，原発誘致論を公然化した。81年9月30日，同知事は「石油にかわる代替エネルギーとして原子力発電所は必要」と答弁した。82年5月には自民党は代表質問で原発誘致を知事に迫っている。

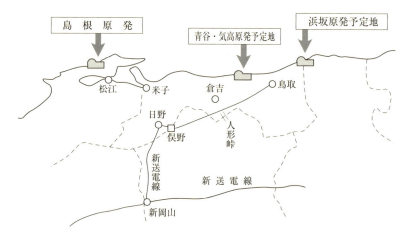

図2　青谷・気高原発予定地の周辺地図（出典：『開発と公害』29号，1985）

　中国電力側では住民の島根原発招待，電気教室開催など住民工作を行い，原発の受け皿として新送電線，日野変電所，俣野川揚水発電所の建設など，準備を着々と進めつつあった（図2）。82年1月14日山根会長は「原発の新規立地は，〔昭和〕57年度中にもメドを……人口が少なく，心理的に住民に受け入れられやすいという条件で，日本海側を選ばざるをえない」と述べた。4月20日に中国電力側は，反対運動の高まりの中で気高郡連婦の署名簿を受け取り，「青谷原発計画はない」と応じた。だが，10月20日になると，中国電力副社長らは「将来，地元の理解を得られるなら鳥取県内にも原子力発電所をつくりたい」と述べた。

青谷原発設置反対の会　地元の青谷町では，82年3月20日「青谷原発設置反対の会」（以下，反対の会）が結成された。母体は町民による「青谷原発を考える会（準備委員会）」で，81年11月15日久米三四郎（大阪大学理学部）の講演「原子力発電所がもし長尾鼻にできたら」を主催。翌年誕生した反対の会のチラシには，呼びかけ人の中に青谷地区婦人会長（気高郡連婦青谷地区会長）池田清子の名も見える。代表は吉田通（歯科医），代表代行は大谷良夫（鳥取大学名誉教授），事務局長は石井克一（高校教員，県高教組青年部長）で，思想・

信条や支持政党などは一切問わない，個人参加の住民組織である。この結成大会には浜坂原発反対運動の岡田一衛の講演「原発をいかに阻止したか」もあり，150名近くが集まった。特に気高郡連婦会長の村上小枝から，反対署名運動を開始し気高町を中心に既に4000名を越える署名を集約したとの報告に，多いに勇気づけられた。反対の会はこの署名運動にすぐに取り組むことを決め，青谷町連婦と青谷地区労と協力して青谷町で約3500名の署名を集めた。活動の柱を学習と情宣におき，他の市民グループ（後述）とも交流を深めた。

気高郡連合婦人会 原発立地に反対して運動の先頭に立ったのが気高郡連婦であった。それは反対の会事務局長が「迅速に力強く展開していった軌跡には，まさに目を見張るものがあります」[8]と記すほどであった。79年6月の小出裕章講演会には同郡連婦会長の村上小枝,県連婦機関誌『鳥取県婦人新聞』（以下，『婦人新聞』と略）委員の小泉澄子，郡副会長2名の計4名が参加し，11月大会では反対を申し合わせた。県連婦の近藤久子会長もこれを支持した。82年署名運動は約2か月で有権者の半数以上（9298名）を集め，反対運動に大きな弾みを付けた。詳細は後述することとし，ここでは79年から84年までの気高郡連婦の動きを2つの「年表」[9]を参考に概観する。反対運動は81年から目に見えて顕在化する。

・1979年11月大会で小出裕章「私たちは次代に何を遺すべきか」の講演後，原発建設反対を申し合わせ。

・80年2月広島通産局主催「電気料金値上げ問題公聴会」に県連婦代表として村上小枝が出席，値上げ反対と共に原子力に頼るエネルギー政策にも反対と陳述。11月大会で「いのちと環境を守るため，安全性に問題のある原子力発電所に反対しよう」と申し合わせ。

・81年3月代議員総会で反対を確認。5月に青谷町で小出裕章「原子力発電の安全性について」講演会を主催，青年団や区会にも呼びかけた。6月気高町瑞穂地区で原発学習会（スライド上映と話し合い），7〜8月に気高町宝木地区を中心に各支部と酒津地区で原発学習会開催。11月青谷町連婦が同町主催文化祭で原発パネル展示。気高町連婦・気高町連合青年団共催の久米

三四郎講演会「いま子孫に何を遺すか」に酒津漁協婦人部も参加。同月末の大会でスライド「原発―ねらわれる長尾鼻」上映，原発パネルを展示，青谷原発反対を再度申し合わせ。

・82年2月14日全体会で反対署名を満場一致で決議，運動を開始。4月20日原発設置反対署名簿を中国電力鳥取支店長に，副本を県庁に提出。同月27日代議員総会で，反対運動のため予算を計上。翌日発表された「共同アピール」にも協力。6月気高町で平井孝治（九州大学）講演会「原子力発電の虚像と実像」（郡連婦主催・同町連婦共催・酒津漁協婦人部後援）を開く。11月大会で運動を根気よく続けることを申し合わせ。

・83年2月役員研修会で岡田一衛を招き学習会。3月代議員総会で，青谷原発反対運動を強力に推進していくことを確認，運動費を予算計上。10月に冊子『原発のないふるさとを』刊行。同月市川定夫（埼玉大学）講演会「生命をおびやかす原子力発電」を気高町（郡連婦主催・同町連婦共催），青谷町（反対の会主催・同町連婦後援）で開催。

・84年10月生越忠（和光大学）講演会「積木細工の上の原発計画」を気高町（前回の主催・共催に加えて，気高町自然を守る青年の会（準）が後援），青谷町（主催・後援，前回と同じ）で開催。

気高郡連婦は漁協婦人部や青年団など他団体にも呼びかけ，反対の会や後述の市民グループとも連携しながら，運動を進めていた。82～84年の講演会は「反原発連続講演会」として鳥取市，次いで米子市，倉吉市と，同じ演題で開催日をずらして実施している。青谷よりも気高の方が学習会や講演会の開催など，より活発だったこともうかがえる。81年に問題が表面化すると運動を強化し，署名運動を成功させて，次の県内著名人による共同アピールを支える力ともなった。

共同アピール　1982年4月28日県内の各界代表311名が署名した「中国電力の青谷・気高原子力発電所建設計画に反対する共同アピール」が発表された。「共同アピール」では，スリーマイル島の事故，あるいはそれ以上の大事故が再び起こらない保証があるのか，と問う。放射能汚染をもたらす原発と県の主産業

である農業・水産業とは両立せず，観光や周辺住民の健康への影響，廃炉処分や放射性廃棄物の捨て場の問題を指摘する。危険の代償として多額の金がばらまかれていると批判し，「私たちは，私たちの世代のみならず子や孫の世代，さらに続く悠久の世代にまで深い傷あとを残してよいのでしょうか。全国でも有数の美しい自然と住みよい環境を持つ，私たちのふるさと鳥取県を危険な原発の『死の灰』で汚してよいのでしょうか」と訴えた。

　この共同アピールの呼びかけ人は近藤久子，村上小枝，長谷川修（日本キリスト教団牧師），石田正義（鳥取女子短大教授）など32名で，県下で農水産業，労働，教育，医療，福祉，宗教，法律，文化などで活躍している人々がイデオロギーや政治的立場を越えて結集した。住所は鳥取市をはじめ，各市町村に及ぶ。職業・所属では教員が多く，なかでも勤務校は鳥取大学が54名と断然多い。その他，各地の農協幹部が22名，漁協7名と続く。部落解放同盟も7名いる。宗教関係だと日本キリスト教団など牧師が7名，寺住職1名，大本教徒1名（青谷支部長）である。県原爆被害者協議会会長と事務局長，原水禁中部地区議長，中部地区原水協事務局次長の名も見られる。労働関係では県総評，自治労，国労，県教組，運輸労連などである。

　女性の数を名前と所属から判断すると50名になる。うち最多の14名が県連婦会長・近藤久子をはじめ地域婦人会会長（元会長）で，県連婦に属する9郡市のすべてが含まれていた。所属団体を見ても，農協婦人部（8名），漁協婦人部（2名），部落解放同盟婦人部（連婦役員は部落解放県研究集会にも出席していた），婦人民主クラブ，母と女教師の会，新日本婦人の会，生協，公害から健康を守る会など新旧さまざまであり，この他に教員は言うまでもなく，歌人もいて，実に多彩な顔ぶれである。とはいえ，共同アピールにおける女性著名人の数は全体の16％にすぎず，当時の女性の社会的地位を如実に物語る。

　共同アピールのために主に働いたのが次に述べる市民グループである。アピールに署名を添えて県，県議会，中国電力鳥取支店，気高・青谷両町役場へと申し入れを行った。これに連婦の近藤と村上も同行している。

市民グループ　81年3月下旬に青谷原発反対運動に取り組む市民グループが

発足，岡田一衛を招き学習会をもった（後に「反原発市民交流会・鳥取」）。同交流会は8月に倉吉市で講演会を開催，これを機に「反原発市民交流会・鳥取中部」が誕生した。さらに西部にも広がって，83年6月米子市で「鳥取県西部原発反対の会」が設立された。反対の会もこれらのグループと連携し，学習会・講演会，合同合宿，原発反対風船上げ，チラシによる情宣活動などを行った。「共同アピール」で呼びかけ人となった長谷川修は「反原発市民交流会・鳥取」代表で，アピール集約のために事務局長的な役割を果たした。

82年10月第1回反原発風船上げ開催について，『婦人新聞』(10.17)は「風船の届く所必ず『死の灰』も届く」と協力を呼びかけた。当日，風船は南西ないしは西風を受けて，東へと飛んでいった。83年4月第2回に気高郡連婦会員が参加，84年第3回には前日に倉吉市で講演をした高木仁三郎（プルトニウム研究会，原子力資料情報室）も参加，郡連婦も実行委員として加わった。風船上げの活動は86年まで続いた。84年10月に生越忠に依頼した調査で，長尾鼻はひび割れ・断層の多い地盤で原子炉設置に適さずとの結論を得た。その記者会見には村上も同席，相互に連絡を取り協同していたことがわかる。

青谷原発反対運動が勢いを強めていく中で，中国電力は山口県上関町に原発立地工作を進めていく。これに対して市民グループは上関の反原発住民運動とも交流している。

青谷町議会と住民　青谷町では81年9月町議会が長尾鼻を町民の憩いの場として開発すべしという見解を示した。82年3月11日山根健町長が「（原発は）危ないということなら，するつもりはない。いまの私の意志はつくるつもりはないということだ」と原発設置反対の立場を明らかにし，町議会議長の吉田肇もこれに続いた。反対の会が結成された4日後の3月24日青谷町議会は原発に反対する意見書を全会一致で決議し，意見書を県当局，内閣総理大臣など関係諸機関に送った。

反対の会では青谷町議会に働きかけはしていなかったというが，2〜4月には気高郡連婦の署名運動，共同アピールの集約という高まる反対運動の最中での出来事であった。署名運動では青谷町で有権者の半数以上を越える数の署名

を集め，共同アピールには青谷町在住者20名が署名している。この中には農協酪農部長，青谷磯づり組合会長，農村青年会議議長，会社役員など，町の有力者と思われる人物が含まれていた。さらに町議2名（1人は町議会議長，もう1人は小学校PTA会長でもあった）の名も見出すことができる。

　85年青谷町が行った住民意識調査（全2414世帯，回答数1639名）では，長尾鼻周辺の開発について「開発して有効利用すべき」が54％であり，その内訳は「環境・レジャー施設用地」30％，「工業用地」5.6％，「原発誘致」は1％にも満たず8名で全体の0.005％であった。「開発せずに自然の景観を保護すべき」は35％である（『反原発新聞』1986.1.20）。町民の意向（原発反対）は明らかであった。

2. 原発のないふるさとを―気高郡連合婦人会と3人の女性たち

気高郡連合婦人会の活動―原発反対へ　気高郡連婦は，鳥取県連婦に所属した9つの郡市連婦の1つである（81年度）。当時，同郡連婦は6地区から成り，会員総数は772名で，宝木(ほうき)地区266名と青谷地区251名とが大半を占めた（東部の気高町に宝木・逢坂の2地区。西部の青谷町に青谷・日置谷・日置・勝部の4地区。内陸南部の鹿野町には無い）。村上小枝は同郡会長・県連婦副会長，小泉澄子は『婦人新聞』編集委員（宝木地区会長を経て），岩田玲子は宝木地区会長で県連婦事務局にも勤務していた。3人とも宝木に住んでいたことが，気高町で運動がより活発だった要因として考えられる。

　1960年代後半から70年代にかけての高度経済成長期に地域婦人会は公害・環境問題に直面し，気高郡連婦でも地域の暮らしに密着した運動を展開し，住民の信頼を獲得していった。宝木地区で村上や小泉は通勤通学列車増発運動や移動保健所など健康対策にも取り組み，1世代若い岩田も2人に信頼を寄せていた。73～74年公害（メッキ，金属石鹸）工場の進出を阻止，メッキ工場の時には署名運動で成功したという経験ももっていた。

　79年11月大会の申し合わせでは，次の運動方針が掲げられた。

　　◎私たちは，次の世代のために，地球上に限りある資源，エネルギーを節

約するため，①物を大切にする家庭教育と実践に努めよう。②くらしのムダを再検討し，つき合いの合理化と改革をはかろう。③買わされる消費者から脱皮し，主体性を持った消費者になろう。④税金のムダ使いを監視し，自主的な選挙で，政治家を選出しよう。⑤人類が殺しあうために，ぼう大な資源と予算を使う核兵器を，廃絶させる運動を続けよう。

◎私たちは，次の世代に，きれいな環境を残すため，①俗悪なテレビ番組やCM，悪書自動販売機を組織の力で排除する運動を続け，積極的に，良い文化環境を育てる努力をしよう。②合成洗剤や，安全性に疑いのある食品添加物を使わない運動の輪をひろげよう。③安全性に問題のある原子力発電所建設に反対しよう。

◎私たちは，次の世代のために，女性差別や同和問題など，差別のない社会をつくりあげる努力をしよう。

ここには，次世代のために環境を守り，原発建設に反対することが明示されている。

学習と情報伝達　役員たちは各地で開かれた原発講演会に出席し，郡内でもチラシを配り講演会を開いた。村上や小泉はそれらのテープを起こして『婦人新聞』に掲載，会員たちに知らせた。例えば，81年5～6月同新聞に「原発特集」を組み，気高郡連婦役員による原発問題座談会「見過すまいいのちと郷土の危機」と講演（坂本三郎「町長をリコールした〔高知県〕窪川町の反原発運動」）を載せ，それを同郡連婦の全会員に配布している。

原発に関する本も多く（40冊以上）読んで学び続けていった。気高郡連婦「年表・原発反対の歩み」（後述）の中に記載された「役員有志情報交換しながら購読学習」のリストだけでも，以下のようにある。

1979年11月～『原発ジプシー』『原子炉被曝日記』『原発死』『働かない安全装置——スリーマイル島事故と日本の原発』『核燃料再処理工場——その危険性のすべて』など。1980年『死にすぎた赤ん坊』『核文明の恐怖』『原子力発電』『プルトニウム』『原子力を考える』など。1981年『原発はなぜこわいか』『東京に原発を！』『原子力発電とはなにか』。1982年『原子力の経

済学』『核よ驕るなかれ』『ルポ原発列島』『われわれは原発と共存できるか』など（『原発ジプシー』『原発死』『原子力発電とはなにか』などは共同購入し会員に斡旋）。1983年『経済評論別冊　市民のエネルギー白書』『ウラルの核惨事』『ジョン・ウェインはなぜ死んだか』『反原発マップ』など。1984年『遺伝学と核時代』『恐怖の2時間18分』など。

　講演会だけでは参加者が限られることに気づくと，講演や読書で学んだことを元に，地域に入って学習の輪を広げていった。81年夏に気高町では小泉や村上は助言者，岩田はスライド係となり，組織の無い小さなグループや漁協婦人部にも出かけた。まさに草の根運動である。特に宝木地区では岩田を中心に，映写機をリヤカーに積んで，道が細い所は自転車で全8支部を回り，公民館で夜7時半頃〜10時すぎまで話やスライド上映をして共同学習を重ねた。会員以外にお年寄りや子どもたち，男性も参加したという。『宝木地区婦人会報　原発特集号』（1981.9）には会員たちの声が寄せられている。ある会員は「原発はお金を運こぶ企業だとばかり喜んでいると，さあ大変。学習をしたればこそ事の重大さに恐怖をいだいております」と，もう1人（山崎久子）は「それにしても，あまりにも，一般の人は知らなさすぎる。……みんなに原発のおそろしさをしってもらい，何としても建設を阻止しなければならないと思った。知らないことは本当に恐ろしい」と書いている。

署名運動　82年2月郡連婦の全体会で「署名運動」が提案され，決定した。署名文では原発反対の理由を次のようにあげており，それまでの学習や講演から学んだ内容が凝縮されている。①原発の事故は想像を絶する大事故につながる危険性をはらんでいる。②原発から環境にもれる放射性物質による環境および人体破壊の問題。③原発労働者の被ばくの問題。④放射性廃棄物（死の灰）の処理方法が解明されていない。⑤原発は遺伝障害や何十万，何千万年間の死の灰の管理など子孫に恐ろしいツケを遺す。

　これまでの地道な草の根の学習と広報活動が役に立ち，署名運動には無名の多くの人々が参加し，当初の予想を遥かに上回る数（9298名）が集まった。署名用紙は2月下旬から支部長が班長に配り，班長が各戸を回った。駅や郵便局

の前に立つこともあった。用紙はすぐに無くなり，何度も追加することになった。例えば，永尾華子は用紙が届くのを待ち受けて，隣近所はいうに及ばず，思いつく限りの場所へ一軒一軒しらみ潰しに足を運んでいる。「原発ができたら，そこで働ける」という男の人に対して，彼女は『原発ジプシー』などで読んだ内容も含め，原発下請け労働者の被曝状況，その恐ろしさについて時間をかけて説明し，結局彼の家族全員の署名を得た（『婦人新聞』1982.4.4）。署名簿のコピーは残っていないが，岩田は圧倒的に女性が多かったと記憶し，男の人は勤め先との関係も……と語る。[10]。中には「建設計画はデマだ」という者もいた。また会員の1人は「オトコもせんようなことをオナゴがするとは，一体どういうことだ？」という言葉を浴びせられた。これに対して村上は「男がせんから私たちがするんだ」と応えるよう伝えている[11]。

署名簿を受け取った中国電力側が「青谷原発計画はない」という姿勢に終始したことは，既述した通りである。

『原発のないふるさとを』　83年10月に気高郡連婦は冊子『原発のないふるさとを』（頒価500円，送料別）を刊行した[12]。村上は「発刊のことば　いま子孫に何を遺すか」で，「『いのちとくらしとふるさとを守る』を，一貫した活動目標に掲げてきた気高郡連合婦人会が，この問題を避けて通ったなら，後日後悔するかもしれない，と直感した」と書いた。次に近藤久子が「発刊を祝して」を寄せた。第1部「なぜ原発に反対するか（講演）」では，久米三四郎「原子力発電を考える」，小出裕章「原子力発電の安全性」，平井孝治（九州大学工学部）「原子力発電の経済性」が掲載された。第2部は「どう原発に反対したか（記録と資料）」で，内容は「①ねらわれる長尾鼻，②原発講演会から，③原発学習会から，④原発反対の署名運動から，⑤県内の原発反対運動から」とあり，『婦人新聞』を中心に『日本海新聞』『反原発新聞』などの記事を転載した。最後に「年表・原発反対の歩み」が添えられた。

この冊子は反響を呼び，3版を重ねた（合計1500部を印刷）。「あとがき」（3版，1985）によると，北海道・青森・新潟・石川・福井・兵庫・山口などの各県，いずれも原発に狙われている所から注文が殺到し，各地からは資料や手記

も寄せられた。同冊子を通して，気高郡連婦の情報伝達と交流は他県にも及んだのである。村上は「経済大国の繁栄の蔭にしわよせられた，全国各地の過疎地の住民が，さらに『原発』という重い課題を背負わされている現実を，改めて実感し，強い衝撃を覚えました」と記す。小泉は，1時間半の講演をテープ起こしするには7〜10日もかかるが，今回はむしろ愉しく「反原発運動の小さな力の一つになり得たら―という思いが，私をそうさせた」と書いている。

プロフィール―村上小枝・小泉澄子・岩田玲子　村上小枝は1922年頃に生まれ（母は鳥取県羽合町出身），大阪中之島で育った[13]。戦時中は軍国主義教育を受け，戦後の平和を「長い侵略戦争の大変な犠牲の上に成りたった」とし，「平和憲法も，敗戦直後の焦土の中から"もう戦争はいやだ"という国民の総意で作られたもの」と述べていた（『婦人新聞』1982.1.3）。結婚して，夫（教員）の郷里，気高町に移り住んだ。高度成長期に入り安全性よりも経済性や利便性が重視されることを歎き，婦人会では72年から石鹸や食品添加物などの問題，環境・公害問題に取り組んだ。74年秋，気高郡副会長の時に小泉と共に島根原発見学に参加，あらかじめ公害工場反対の時に学んだ研究者を通して勉強しており，見学では電力会社が経済性と安全性を宣伝して人を騙すのだと気づいた。夫（当時，気高町議）は核兵器廃絶の平和運動に長く関わっており，彼女は原子力の平和利用には疑念を抱いていた。79年6月の小出裕章の講演はそれを確実なものに変えた。小出は，彼女の夫は「すごい行動力がある人だった。小枝さんは，それに輪をかけたくらい頑張って，……頭の良い情熱的な人」であり「戦争の体験があり，お上の命令で戦争に痛めつけられたという思いが強かった。同じようにお上の力で動く，原子力発電所建設はどうしても許せなかったのではないだろうか」と話している[14]。

小泉澄子は，1925年頃に宝木で行商人が泊まる旅館を営む家に生まれた[15]。小泉によると，父は遊び人で母がそれに耐えていたのを見て，子どもの時から男女平等について考え，経済的自立を目指したという（『婦人新聞』1977.6.5）。旧制県立鳥取高等女学校を卒業後，看護婦となり，職業に生き甲斐を感じていた。だが，長女のため婿をとり結婚，大正生まれの夫（県庁勤務）の理解を得

られず,子どもや老親を抱え,仕事を辞めざるを得なかった。彼女が35歳になった時（1961年頃）,初めて夫は婦人会役員になることを認め,その活動は医療に詳しい彼女の力を発揮する場となった。外出中には夫が茶碗を洗うなど家庭でも変化が起こった（同新聞,1976.1.1)。『婦人新聞』編集委員になった時には近藤会長からは「文章はうまいけれど,社会性がない」と注意され,女性史の本を貸してもらい学んでいる（『婦人新聞』1988.4.17)。76年5月には,それまでの活動が認められ山陰中央新報社の第3回婦人賞を受賞した。なかでも,合成殺菌剤AF^2追放では衝撃的な観察記録を報告している（妊娠中の飼い猫にAF^2入りのチクワを与えた結果,すさまじい奇形の仔猫を死産)。これをきっかけに彼女は遺伝関係の本を読みあさる。AF^2の強い毒性を表すのに「放射性類似物質」という言葉があった。これが後に原発がもたらす放射性物質の危険性を理解するのに役立った。青谷原発建設計画を知ると,3人の孫,さらに将来生まれてくるその子どもたちのためにも,今すぐ何かをしなければという思いに駆り立てられた。彼女が50代半ばの頃である。この頃,小泉は『婦人新聞』(1980.8.31)に「かつての力知る我らゆえ寡黙にて今日も組みゆく戦争体験の手記[16]」「焼夷弾ふりそそぐ下「俺を捨てて逃げろ」とふ声またまざまざし」という短歌も残している。

岩田玲子[17]は1935年に生まれ,2～11歳まで台湾で過ごした（父は彰化市で商業学校教員)。46年11歳の時に引揚船で帰国,入港した広島の地で廃墟を見ている（『婦人新聞』1989.4.9)。鳥取大学卒業（教職課程）後,結婚して宝木に住み（舅は郵便局長,夫は高校教員),2人の息子をもうけた。結婚後すぐに姑から婦人会をバトンタッチした。婦人会は戦後の改革で溝の消毒や台所・栄養改善に取り組み,生活改善普及委員＝婦人会員が多く,当時地域で一目おかれており,姑の後任として入るのは当然のことだった。青谷原発反対運動の頃には40代で,村上と小泉に比べて一回り若い。原発反対については先輩の2人に刺戟され共に学んでいたが,79年11月大会で小出の講演を聞き,それは確信に変わった。原発反対の大会申し合わせも彼女の発言がきっかけとなった。岩田は学習会で夜の巡回を大儀に思ったこともあるが,「やっぱり小

さいところまで，文字通り草の根を分けるようにして入っていかんといけんと思いました」[18]と話す。その時は夕食の用意をして出かけ，姑も黙認していた。「よく離婚されなかった」とも語る（2014.8.30.電話での聞き取り）。1987年，気高郡会長を村上より引き継ぐことになる（89年まで）。

3．鳥取県連合婦人会と近藤久子の役割

鳥取県連合婦人会と『鳥取県婦人新聞』[19]　1947年に鳥取県では地域婦人会・職域婦人会・労組婦人部など31団体を含む鳥取県婦人団体協議会が結成された。この頃よりGHQ中国地区軍政部のM・グロースの指導下に各地で婦人会づくりが進められ，戦前の官制団体から民主的団体をめざしていくことになる。地域婦人会からは自分たちに合った会を作りたいという希望が出て，50年8月「平和で幸福な家庭生活をいとなみたいと望む婦人」を対象に正式に県連婦が誕生した（初代会長・田中花子）。52年には全国地域婦人団体連絡協議会（全地婦連）が結成され（山高しげり理事長），これに加入した。県連婦では初期に生活改善・新生活運動，60年代後半にはトルコ風呂建設反対など風紀問題にも取り組んだ。また，50年代半ばより三保基地拡張反対・核兵器廃絶運動，そして60年代半ばからは食品添加物，60年代後半には農薬など環境汚染，70年代初めには合成洗剤など，健康・環境・公害問題に取り組んだ。青谷原発反対運動は，核兵器廃絶とともに，高度成長期に起こった環境・公害問題に連なるものとして捉えられる。

　1950年田中会長の発案により『鳥取県婦人新聞』が創刊された。70～80年代の同紙を見ると，タブロイド判4面で，月4回発行している。連婦・各地域の活動報告，学習資料・解説（講演会報告など），文芸，会員の声などを掲載した（発行部数の低下により，90年代には刊行回数を減らし，97年度『女性Tottori』と改称しA4判で月2回刊）。

　近藤久子も小泉澄子も県連婦での活動を新聞委員からスタートし，村上小枝も80年代初頭に編集長（広報部長）を務めた。80年頃に村上や小泉と共に『婦人新聞』の編集に携わった西尾宣子（岩美郡連婦）は，紙面作りや校正は緊張

の日々ではあったが，書くことや読むことが好きで「楽しかった」と，新聞が出来上がった喜びを回顧する。そして，2人（村上と小泉）には畏敬の念，親しみを抱いており，何でも話せたという[20]。編集委員会，ひいては県連婦の雰囲気がうかがわれる。

県連婦会長・近藤久子　51年に日野郡で役場主導により根雨婦人会が結成され，52年近藤が会長になった。56年度より日野郡連婦会長（県連婦役員）となり，59年度から県連婦第3代会長に就任，60年度を除き，93年度まで30年以上の長きにわたりその職を務めた[21]。60年度に副会長に一旦退いた経緯について「近藤では婦人会が革新になる」と県会自民党から圧力があったという[22]。だが，彼女は自らを見方によっては「進歩的」または「保守的」にも，つまり「ニュートラル」では？と問う[23]。

　近藤久子は1911（明治44）年日野郡根雨町で山林農地を有する旧家に誕生，父の近藤寿一郎は合成化学工業を興した実業家で，彼女は幼い頃に大正デモクラシーの自由で明るい息吹を受けて育った。「幸せなことに私は育つ過程で"女らしく"とか"女のくせに"とか"女だから"などといわれた覚えがない」と記す（『婦人新聞』1979.5.27）。米子高等女学校卒後，日本女子大学化学科に進学，33年卒業し助手になった。44年結婚，これについては，恵まれた家庭環境にあったとはいえ，無形の圧迫を覚え「戦前には女の生活というものは無かった」[24]と語る。翌年夫が病死，その後郷里に戻る。敗戦後の民主改革について，著書『くらしの視点』（米子今井書店，1995年。以下，引用では初出の『婦人新聞』1970.7.12～94.5.1掲載年月日を[　]で記す）に，戦時下の抑圧（言論や出版の弾圧，個を殺す画一的な暮らし）から解放されて「天井がぬけて青空がみえたような喜び」[1991.4.7]であったと綴る。戦後の平和と民主主義は彼女の揺るぎない信念となり，それは人間尊重の精神を意味するものと受け止められた[1985.12.1]。

　52年婦人会活動を始める際に規約を見ると「女性の教養を高め，地位の向上をはかり住みよい社会の建設に貢献する。併せて会員相互の親睦を図る」とあった。近藤は会員たちとの話し合いの中から生活の具体的な，不合理な問題

を出し合い，それを学び解決していくという方法をとった。例えば根雨地区では67年集団赤痢発生から水道を調べて滅菌装置の故障を発見，70年には水銀農薬の使用禁止と回収を県に要望した。

　地域には農家が多く男女差別が厳しいことから，女性史の勉強会をもち，法律や制度が変わっても，人の意識はゆるやかにカーブを描いて変化していくことを知った。近代化は上辺だけで人々の意識の中には古さが残存していると指摘，地域組織は戦時中の隣組とあまり違わず上意下達が主流で，為政者側にも地域住民の権利意識や主体性を好まず追従を求める傾向が目立つ，と批判する[1985.10.6]。このように根強く残る「封建性」[1979.3.4]に対して，戦後の婦人会は権力に従い，行政の下請けで動く組織ではないと明言した[1980.11.2]。「国連婦人の10年」中間年80年に性別役割分業観にも否を唱え[1980.4.13]，女性たちに個の確立を促した（『婦人新聞』1984.3.25）。

　核兵器や原発についてどのように論じていたか。『くらしの視点』には77年頃からこの問題が取り上げられている。77年7月に広島での「被爆問題国際シンポジウム」に出席，78年5月に核兵器廃絶の署名を持って国連軍縮特別総会に出席，渡米したことが反映されたと思われる。原水爆禁止運動については再統一がはかられた77年に，運動の分裂（63年）を残念で愚かなこととし，このため婦人会が運動から手を引いたことは卑怯であったと，その問題意識のあいまいさ，組織のひ弱さを悔やみ，自らをも含めて批判した[1977.8.7]。

　原子力の平和利用については，青谷原発反対運動が起こる以前に反対の立場を明確に打ち出している。後に，78年米国での核兵器廃絶フォーラムでアメリカ女性が「原発は平和利用というマスクを被った原爆」と発言したことは忘れられないと繰り返し述べた[1987.8.2など]。近藤は，放射性廃棄物の保管の問題，そのプルトニウムにより原発が容易に作られること，一旦事故が起これば極めて広範囲にその被害が及び，しかも放射能の害は遺伝子にまで損傷を来すこと，を指摘した[1977.9.4, 1977.11.6, 1982.6.6]。太陽光や風力発電などソフトエネルギーへの転換を訴え，青谷の長尾鼻では美しい自然環境を守ることも大切なことと説く[1981.5.10]。電力会社による原発見学について「バスを仕

立てられ，食事や茶菓の接待を受けながらの現地視察ぐらいでその安全性がわかるほどなまやさしいものではない」[1977.9.4]と忠告した。こうした主張に彼女の科学者としての背景を見ることもできる。気高郡連婦などによる反対運動について，「『住みよい社会を』と願いながら，批判や反対意見をアカの二字でつぶそうとする人たちがいまだあるなかで並大抵の苦労ではなかったと思う。油断はできないものの一応の成果をともによろこびあいたい」[1986.3.2]と，その労を厚く労った。

　2004年近藤は93歳で没した。同年より県連婦会長を務めた井上耐子は，近藤元会長は反原発についても会員に押し付けず，学習して自分で考え行動することを重んじたという。先見の明があり，いろいろな人を県外からも講演者として招き，ある日本海新聞社社員からは「30年早く生まれてきた」と評されたと，敬意を込めて語る[25]。近藤の活動は地域の暮らしの中から自分たちで問題を見出すという土着性をもち，学習を経て問題点を明らかにし，行政にもその解決を要求していくものであった。これが彼女のいう「ニュートラル」の意味であり，一つの目標のために多様な人々と広く連帯することを可能にした。青谷原発反対の「共同アピール」がまさにそれであり，彼女は気高郡連婦の運動を支え，先導する大きな役割を果したのである。

おわりに

　気高郡連婦の青谷原発阻止運動を担ったのは，戦時下の体験を持ったり，戦後の男女共学の高等教育を受けたりした女性たちであった。そこには日本国憲法の下で平和主義と民主主義が地域において根付いてきたことが示されている。彼女たちはそれまでの活動実績の土壌の上に学習を軸にした反原発の草の根運動を展開した。それは地域に浸透し各地へと広まり，そして男性たちと共に政治的信条やイデオロギーを越えて協同する道を開いていった。反対運動は88〜89年市民グループにより県外協力者も得て長尾鼻の土地共有化を果たし，中国電力が建設計画を公表する以前にそれを制して収束を見た[26]。86年チェルノブイリ原発事故後，村上は『婦人新聞』で「環境汚染に歯止めを」と訴え

た（1987.1.11）。気高町では小出裕章を招き講演会が開催され，同新聞はそれを報告，小泉は「国の『安全宣言』真っ赤な嘘」，岩田も「原発誘致しても活性化は一時的」と記した（1987.2.15）。

八木俊彦は青谷原発反対運動成功の要因を次のように簡潔にまとめている[27] — ①迅速な情報キャッチ，②住民運動を中心にして外部の反原発団体が支援する運動体制の構築，③住民の啓発をめざす徹底的な学習と宣伝，④住民過半数の反対署名活動，⑤地元自治体首長と議会の反対声明，⑥県内各界各分野の有志を網羅した原発設置反対の共同声明〔アピール〕，⑦専門家の地質調査による原発施設基盤の危険性の暴露，⑧原発計画公表前に計画をストップさせる先制攻撃的水際作戦。気高郡連婦は④をはじめ，これらすべてに（⑤は間接的とはいえ）関わっていた。

気高郡連婦は92年度に県連婦を退会，会員減少のせいかと思われる（2004年同郡は鳥取市に編入）。その後，2012年に，長尾鼻（現在，因幡県立自然公園の一部）の共有地でサツマイモを植えて収穫する活動が市民グループの手で始まり，子どもたちも参加。島根原発の近くでは米子市連婦を含む米子市女性団体連絡協議会により風船上げも行われている。岩田玲子は原発反対運動の経験について鳥取市九条の会など各地で講演をしている。11年福島原発事故以後，全国の原発がすべて停止され，脱原発を求める世論も高まった。にもかかわらず，15年8月から新基準での原発再稼働が始まっている。気高郡連婦は，1980年代に経済優先の社会のあり方を見直し，次世代，そして未来の子どもたちのために自然環境を守ることを訴え，原発建設に反対した。その活動目標「いのちとくらしとふるさとを守る」は，私たちがいま継承すべき課題となっている。

注

1) 山秋真『原発をつくらせない人びと』岩波書店，2012，2-3頁。
2) 土井淑平「フクシマから原発のないふるさとへ」小出裕章との共著『原発のないふるさとを』批評社，2012，103-104頁。書名は気高郡連合婦人会が刊行した

冊子『原発のないふるさとを』(1983) に依拠する。
3) 鳥取県連合婦人会でも，2000 年同会発行の『50 年のあゆみ』で近藤久子元会長が発刊に寄せて「いのち・くらし・ふるさとを守る運動組織」と記し，2010年『この 10 年のあゆみ』の副題に「生命(いのち)とくらしとふるさとを守って」とある。
4) とっとりの女性史編集委員会『とっとりの女性史』鳥取県，2006，267-268 頁。
5) 竹安栄子「ある婦人会活動家の軌跡」『追手門学院大学文学部紀要』26 号，1992，同「女性の政治参加活動の展開とその限界」『現代社会研究科論集』8 号，2014。
6) 本文ⅠはⅡと共に，以下を参照。気高郡連合婦人会編・刊『原発のないふるさとを』1983（筆者の手元にあるのは第 3 版，1985，www.hns.gr.jp/sacred_place/material/reference/18.pdf#search（2014.7.3 閲覧）。『開発と公害』29 号，1985。土井淑平『原子力神話の崩壊』批評社，1988。前掲土井「フクシマから…」。木原省治『原発スキャンダル』七つ森書館，2010。石井克一他「鳥取県青谷・気高原発立地阻止運動をふりかえって」日本科学者会議編『原発を阻止した地域の闘い　第一集』本の泉社，2015。
7) 土井はかつて鹿児島県川内原発建設反対運動に関わり，鳥取では「反原発市民交流会・鳥取」に加わり，『はんげんぱつ新聞』（高木仁三郎創刊『反原発新聞』を改称）鳥取支局世話人や，人形峠のウラン残土撤去運動などに携わった市民活動家でもある。
8) 前掲石井他，148 頁。
9) 「年表」前掲注 6) 気高郡連婦編，119-128 頁 。反原発新聞鳥取支局編集部編「年表」前掲『開発と公害』146-152 頁。
10) 岩田玲子氏より聞き取り（2014.10.17. 於，県連婦事務局），同事務局の舩越紀子氏も同席，資料確認などお世話になった。
11) 座談会，前掲『開発と公害』43-44 頁。
12) 『全地婦連』(同機関誌)(1983.11.15) は「地域活動ニュース」で 10 月気高郡連婦の原発講演会と冊子刊行を報じた（『日本消費者問題基礎資料 7』第 6 巻，すいれん舎，2007，所収）。なお，全地婦連は 79 年スリーマイル事故後の 4 月に主婦連など他団体と共に原発の安全性の確認を通産省，東京電力に要望した。
13) 『婦人新聞』(1980.5.18)，および，井上耐子氏の紹介で西尾宣子氏（2014.11.7. 現在，87 歳）に電話による聞き取り。西尾氏によると，村上は長く施設に入っており，今 92 歳くらいという。「反原発・人と風土」『反原発新聞』84 号，1985.3.20（『反原発新聞縮刷版　第 1 集』野草社，1986）も参照。
14) 前掲木原，147 頁。
15) 小泉については以下も参照。『婦人新聞』(1976.5.30)。小泉澄子著・発行『歌集　滑翔』1994。前掲西尾氏（小泉は氏より 3，4 級くらい上（姉と同級生）で 2-3 年前に没したという）。前掲岩田氏。

16）前掲小泉著に所収，「力」を「権力(ちから)」と表記し，意味をより明確にした（34頁）。
17）前掲岩田氏。以下，主にこの聞き取りによる。
18）座談会，前掲『開発と公害』41頁。
19）前掲鳥取県連婦『50年のあゆみ』，および前掲『とっとりの女性史』を参照。
20）前掲西尾氏。
21）県連婦は1961年に主婦連合会の生活部加入を決定（山村淑子論文を参照）。
22）牧野和春『＜白熱対談＞どうする！わが「鳥取県」』牧野出版，1994，134頁。
23）「近藤久子県婦連会長にきく(ママ)」『山陰評論』新年号，1964，49頁。
24）同上。
25）井上耐子氏聞き取り，注10）参照。氏には事務局との連絡など大変ご配慮いただいた。
26）『中国電力50年史』（中国電力，2001）は立地計画発表後，地元の反対で断念したとして山口県の豊北町と萩市をあげる（165頁）。
27）前掲石井他，157-158頁。

いのちの未来に原発はいらない
―能登半島の反原発（志賀・珠洲）運動と女性―

海保洋子

はじめに

　能登半島は，1960年代末に能登（後の志賀）原発と珠洲原発の二つの原発計画が浮上し，北陸電力，中部電力，関西電力3社から狙われた地域である。また，1970年代には，金沢市の北隣内灘町の旧米軍試射場跡地に北陸電力の火力発電所建設計画が浮上，女性たちの公害反対運動から，1973年町長をリコールして計画阻止したことでも有名である。

　石川県羽咋郡志賀町赤住地区・富来町（現志賀町）福浦は，1967年北陸電力による能登原発予定地に決定した。また，能登半島の北端珠洲市では，69年市議会が原発誘致を提言した。具体的には，中部・北陸・関西の電力3社の現地の珠洲電源開発協議会事務所開設が84年4月，半島東側の寺家地区への中電の事前調査申入れは同年11月，西側の高屋地区への北陸，関西両電力のそれは88年12月のことである。これにともない，原発反対運動が地元はもとより石川・富山県内で展開された。本稿では，金沢市を拠点に水野スウを中心とする反原発運動の女性たち，志賀原発から15～20km圏内に位置する石川県七尾市を中心に反原発の声をあげた木下雅子ら5人による七尾なまこの会，能登半島東の付け根に位置する富山市で反原発市民の会・富山を基盤に反原発運動にかかわった埴野佳子，同じ能登半島の北端珠洲市に住み，珠洲原発に対し反原発運動にかかわった落合誓子，泉滋子など，地域で暮らす女性たちが実際にどのような実践行動に出たのか，脱原発ネットワークづくりに挑戦したのか，以下検討を試みるものである。

　反原発住民運動の一環として，「いのちの未来に原発はいらない[1]」，原発廃止こそ「生命を育んできた女たちの悲願[2]」の観点を明確に主張し，反原発運

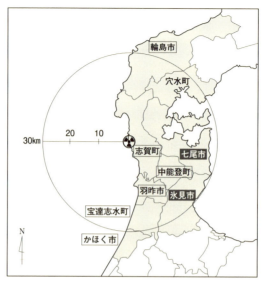

図1 志賀原発（出展：『原子力総合年表』編集委員会，2014）

動を政治の世界で抗い，原発を追い出した女性たちを考察する[3]。なお，志賀原発は，着工直前に能登原発から改称されたので，資料以外は，便宜上志賀原発で統一した（図1）。

1．志賀原発
（1）原発誘致と地元の反原発

　志賀原発は，志賀町議会全員協議会で建設受入決定が1967年で，着工が88年であるから，電力会社と地元および石川，富山県との攻防が20年以上続いたことになる。地元志賀町赤住地区には，「赤住を愛する会」(会長橋菊太郎),「赤住船員会」「百浦原発反対同盟」が発足，赤住地区8団体による「赤住地区原発問題対策協議会」（会長佐渡一）が設置され，72年原発建設の是非を問う，赤住地区住民投票（任意）が実施された。投票率89.5％，外洋の船員も郵送で投票したにも関わらず，「（記名投票のため）住民感情にしこりが残る」として，開票中止を求める「調停」（実質的介入）が行政によって行われ，住民投票は

破棄された。原発を止める一度目のチャンスは踏みにじられた。戦後民主主義は，地域には根ざしていなかった。

　やがて，北電が賛成派に各戸100万円を配り（後述「反原発石川県民の会」参照），反対運動の中心であった8つの漁協を分断に追いやり，賛成・反対派両者に分断された地域コミュニティーは崩壊の危機を迎えた。二度目のチャンスは，86年のチェルノブイリ原発事故発生である。原発の放射能事故の不可避性，「核とは共存が出来ぬ」事実が伝えられていれば，反原発行動が「国策」をも止めたに相違ない。事故発生を重く受け止めたのは，地元の農漁民，反原発団体の石川県民の会，市民の会・富山，そして子や孫への影響を懸念する女性たちであった。原発事故1周年で金沢市の女性らが集会を開き，デモ行進した [4]。

（2）反原発石川県民の会

　81年3月，反原発石川県民の会が「全ての原子力発電所と核を地球から廃絶する。特に能登原発・珠洲原発計画を白紙撤回させる」を目的として金沢市で結成された。「危険な放射能から子供たち，子孫と美しい自然を守るために」を掲げた。活動は「会誌」など（81.5-88.2）に詳しい [5]。

　県民の会では，原発設置候補地志賀町赤住を訪問した際，北電が賛成派に各戸に100万円を配ったこと，富来町福浦では，県民の多くが「反対の意志表示することが反対運動を力づける」という地元民の声を聞いた。内灘で反原発学習会を開き，「核」に関する上映会を企画。「ネバダからの雲」，「核」の上映会を各地で開催した。「能登に原発を許さない県民集会」では100人の参加があり，室田武「原子力の破産」の講演会も開かれた [6]。

　82年6月の映画と討論の会では，映画「世界は恐怖する」（1957年製作，監督亀井文夫）を上映した。広島・長崎での原爆による奇形児のホルマリン標本を写し出していた [7]。

　中山千夏講演会では，中山の「平和を願うのに軍備しない方が勇気もいるけど，より被害が少ないのではないか」に対し，北陸三県の女性団体が福井県を

視察し軍事費の増強やむなしの講演を受けてきたばかりとかで、「原発もすてきな設備で安全性は万々歳だから、大いに推進しましょう[8]」の発言があったという。地域女性団体は、戦前と同様に「国策」には逆らうこともできず、原発推進派に回っていたことも確かであった。

「原子力の日」（10/26）に石川県庁に、「石川県に原発はいらない」署名5000人分を手渡し、原発の安全性について質問した。担当課長は、原発の安全性についての検討は国がやるべきこと、県は原発を推進すること、原子力の安全性には県レベルではとても予算が足りないから国に任せている[9]と答えた。この論理は、もはや地方自治が死滅して国の下請け機関化し、「安全」と言えば「危険」とは言い返せない脆弱性を持っていた。

82年11月、石川県民の会と反原発市民の会・富山が協力して、北陸4県の反原発住民運動・市民団体に関わる者が一堂に会する機会、第1回反原発北陸交流集会（金沢）を開催、呼びかけにより45団体・個人150人が参加した。敦賀市民の会、小浜市民の会、柏崎原発反対同盟、巻原発反対共有地主会、能登赤住を愛する会、珠洲原発反対連絡協議会等々の報告会があった。全体会では、①土地不売・漁業権確保の闘い（巻・赤住・珠洲・富来）、②首長選（志賀・珠洲・巻）、③自治・自立を目指して（小浜・金沢）等の問題が討議され、「共同アピール」では、「原発のない北陸の自立と再生の道は、この恵まれた自然条件の中にあるはずです。（中略）美しい自然を子孫に残し彼らの生きる権利を確かなものにするためにも[10]」、と結んだ。84年、第2回を開催、能登・珠洲の人たちが多数参加した。

86年4月チェルノブイリ原発事故が発生したのを契機に、翌87年、「犠牲者を悼む集い」が県民の会などの共催で開かれた。やがて、88年12月1日の志賀原発建設着工日、石川県民の会、市民の会・富山、グリーンピープル、原発とめたい仲間たち（水野スウ）など現地で抗議行動に参加した。「能登原発建設差止請求訴訟」を金沢地裁へ提訴した[11]。

(3) 反原発市民の会・富山

　1980年，富山県労協が運動方針から反原発を削除したことに抗議，「原発を問い直す市民の会」を結成。原発の危険性を考える講座を開き，のちに反原発市民の会・富山に改称した。市民の会には，埴野謙二・佳子夫妻がいた。

　82年，県民の会とともに，志賀町赤住，富来町福浦，西海，珠洲市小泊，寺家にも反原発の大看板をたてる。同年の北陸4県の反原発住民運動については前述した。

　83年，能登の自然を守る土地共有者の会を金沢の人びとと協力して石川，富山両県にまたがり会員を募り発足。原発建設予定地内に共有地を持ち，県民の会と協力して富来町全域にビラ入れや石川県が西海漁協と合意した「（北電の）肩がわり海洋調査」に対して，連続的な抗議行動を行った。84年は能登原発反対各種団体連絡会が開く石川県による海洋調査強行に反対する抗議集会に参加し，北電の陸上ボーリング調査開始に対し中止を求めた。翌85年は，能登―富山をつなぐ反原発能登一周キャラバン「能登半島に原発はいらない」（富山―七尾―珠洲―輪島―富来―志賀―羽咋―富山）を実行した。86年には，地元住民説明会への抗議行動や第1次公開ヒアリング強行に反対する抗議行動に参加した。

　一方で，能登原発1号機が電源開発調整審議会を通過した。そのため，87年は北電による能登原発準備工事着工に反対し，翌88年には，第2次公開ヒアリング強行に反対，「原発止めよう東京2万人行動」にも加賀・越中・能登からバスで参加した。「『能登に原発はいらない！』6月大集合」を企画し，全国各地からの多数の参加者を得て，北電本社，石川県庁へ署名をもって抗議・包囲行動を展開した。8月に原子炉設置が許可され，「『原発止めに能登に来て』11月大集合」を赤住でひらく。翌月安全協定を締結，本体工事が着工され，志賀原発に名称変更された。市民の会他団体，現地で抗議行動。能登原発建設差止請求訴訟を金沢地裁に提訴（原告団100人）し，市民の会のメンバーも原告団に加わった[12]。

2. 金沢・富山・七尾の女性にみる反原発運動
(1) 金沢市

水野スウ　1985年金沢市で「女性の原発勉強会」を開催したところ，定員100人のところ250人が参加したと新聞記事になるくらい，志賀原発建設に女性の関心が高いことが分かった[13]。翌86年4月，世界中を震撼させたチェルノブイリ原発事故が発生し，ちょうど1年後の87年，金沢市の女性たちの集会・デモ行動については前述した。志賀原発の着工が目前に迫っていたからである。

　同年夏，金沢市在住の日本女子大英文科卒のエッセイスト・水野スウが主宰する「紅茶の時間」（子どもを育てているお母さんたちと情報交換するフリースペース）について『朝日ジャーナル』に紹介記事が掲載された。「チェルノブイリ原発事故による放射能汚染の勉強会も……」の1行に反応して，「子どもたちの未来を考える会」の見知らぬ差出人名の小包が届けられたことから，水野の世界を一変させた。広瀬隆「最後の警告・チェルノブイリ」と題する講演のビデオや本，原子力資料情報室の高木仁三郎の本に混じって10冊の甘蔗珠恵子『まだ，まにあうのなら[14]』がプレゼントされたのだ。仲間の母親たちの手から手へと，原発関係本が回し読みされ，『まだ，まにあうのなら』が水野の元に積み上げられた秋頃からは，一人が10冊，20冊というペースで冊子を買いこんで帰っていくようになった，という[15]。水野は，「紅茶の時間」の仲間たちと原発関係文献やビデオ等で原発について猛勉強を始め，「24000年の方舟」上映会などの活動を開始した。その時の思いをエッセイ集で次のように表現している。「わたしと同じような小さい子を持つお母さんたちはとりわけ敏感でした。……それを買わない，そんな小さなエゴだけで済む問題では決してありません。汚染の素の原発は本来こういうウンコ（放射性廃棄物－筆者注）を産み出す存在なのだ，と気づく機会を「紅茶の時間」でつくりたかったのです。育ちざかりのを持つ親の一人として，原発のことを考えたかったのです[16]」と。

　水野の反原発行動の発端は，反原発活動への実践的・具体的な活動から開始

された。88年1月、『朝日新聞』「語り合うページ」欄に水野の投書「中止求めて声あげよう」が掲載、抗議行動が始まった。2月には、四国電力本社（高松市）前で「伊方原発の出力調整実験の中止を求めます」の抗議行動に参加した。四電本社前では、「♪いのちが大事／いのちが大事／♪子どもを守ろ／子どもを守ろ／♪未来を守ろ／未来を守ろ／♪げーんばーつとめよう／原発とめようのプロテスト・ソングを大合唱」した[17]。フェスティバルでも開催しているような明るく楽しい抗議行動であった。小原良子[18]、甘蔗珠恵子[19]、広瀬隆等多数が参加した。後日この体験を「元気の素をくれた」「いっきに火がついた」とエッセイ集に記した[20]。

　水野は、同月の七尾なまこの会の、石川県知事に「能登原発建設やめて下さい」の申入れにも同行した。この時、20年以上反対運動を続けている志賀町赤住の橋菊太郎・たき夫妻（赤住を愛する会会長）、七尾、金沢、富山から20数人の女性たちが結集した。原発問題は、地元だけの問題ではなく、能登半島全体に関わる問題であった。

　水野は、四電抗議行動で力を得て、同月には地元金沢で広瀬隆講演会「東京に原発を！」を開催し、手ごたえを感じた。3月18日付けで「通信」No.0（ゼロ）号を発行した。内容は、2月の加賀・越中・能登の「原発とめたい女たち」の初顔合わせと交流会に55人の参加があり、「同時多発で、みんなが出来ることをして行こう」の確認、3月の金沢市内の「原発とめたい女たち」の初顔合わせ・交流会の開催、35人余が参加したこと、「3/28仕事持っている人・夜の部のつどいミニ講座」、「4/23・4/24原発とめよう1万人行動（東京）」など、まず情報を届けたい気持ちが先行した。

　4月の集まりで、"原発とめたいひとたちの思いを一つにつなげてゆくもの"といった素朴な考えから「通信」月1回発行（通信費月200円）が決定された。中身について、女たちの集まりが開かれることで、輪が広がる情報センターやネットワーク的性格を持ち、原発の情報をまだ知らない人に届けることなど、さまざまな意見が寄せられた。やがて、4月20日「いのみら通信」（いのちのみらいに原発はいらないの略）No.1が、原発とめたい仲間たちで発行された。

内容は，原発関係資料紹介・勉強会・講演会のお知らせや署名活動の呼びかけなど情報満載である（以下「通信」と略）。部数は1000部。心掛けたことは，できる限り，いのちの側に立った情報をていねいに読み手に伝えてゆくこと，金沢の仲間たちの息遣いがどこで読んでも感じられるミニコミにしてゆくことの二つ。

「通信」で興味深いのは，①毎月26日を「電気を止めて反原発」の呼びかけ，②学校給食のイタリアスパゲティ放射線量の疑問，③電気料金の自動振り込みをやめて集金制へ，といった実行に移せそうな情報が多いこと。「今月のゲンパツ」コーナーは，〔原発のビデオ〕「チェルノブイリで何が起こったか11PM」以下16点，〔原発の本たち〕広瀬隆『東京に原発を！』以下34点，〔雑誌・週刊誌など〕『Days Japan』創刊号「四番目の恐怖」以下19点が紹介された（「通信」No.1，88.4.20）。

以下「通信」1年分を追跡して，反原発行動の実践を見てみる。

4月23・24日　東京日比谷公園で開催された「原発とめよう1万人行動」には，能登からバスで40人余が参加し，日比谷公園では予定の倍の2万人が集合した。分科会も超満員，「女たちのまつり」もあり，「能登原発に危機感を抱いているのがわかって，たくさん勇気づけられた」と参加した女性たちは異口同音に語った（「通信」No.2，88.5）。音楽や踊り，衣裳などを持ちよって集った人びとの多様性や華やいだ雰囲気は従来の集会のイメージを塗りかえた。

6月，富山市にある北陸電力本社前では，北電本社ビルを囲んで笛や太鼓，歌あり踊りありの鳴り物入りで歩き回る示威行動の末，北電交渉団15人（七尾なまこの会や志賀町，富来町，金沢，富山，久米三四郎，アイリーン・スミス（環境市民団体代表））と話合いの席についた。署名10万2440人分を手渡すも拒絶され証拠写真にとどめた。翌日は，石川県庁で県知事に対し交渉団15人が面会を要求，拒絶された。県庁の周囲では「原発なくてもええじゃないか」の歌と踊りの輪ができた。3日目は，志賀町赤住で反原発シンボルタワーの落成式を行った（「通信」No.3，88.6.26）。

9月には，水野をはじめ仲間たちで，原発予定地に「宅配便」と称して原発

関係本と手紙を届けた。赤住地区120戸に、『まだ、まにあうのなら』、『北陸が地図から消える日』など配達した（「通信」No.6, 88.10.5）。

10月26日（原子力の日）に、富山の北電本社へ1万8000人分の反原発署名手渡しに本社建物を人間の鎖で囲み、金沢の石川県庁へは七尾なまこの会などと一緒に、反原発の12万368人分の署名を手渡すと同時に、「原発とめたい仲間たち・金沢」（代表・水野スウ）は、県知事宛の公開質問状をも手渡した（「通信」No.7, 88.11.1）。11月、石川県知事宛の公開質問状の回答が、『毎日新聞』（88.11.25）紙上に掲載された。石川県の回答では、「国のエネルギー政策に即しているから、国がやっているからいいと、北電以上に県が前面に出て、何が何でも原発つくれ」、「でも事故の時は一切責任を負わない」といった姿勢を前面に出していた（「通信」No.8, 88.12.6）。

「通信」では、「原発とめたい私の、あなたの、家にいてできることリスト」を紹介した。節電方法として、電気料金の自動支払いから集金制へ、アンペアを下げる、原発に関する意見をすぐにマスコミや北電に届ける、新聞への投書、新聞不買運動、毎月26日1時間くらい電気を消すなどをすすめた（「通信」No.7, 88.11.1）。

88年12月1日志賀原発着工日を迎えた。「原発とめたい仲間たち」は、能登原発訴訟団として法廷闘争へ、また珠洲原発問題へと少しずつシフトしてゆく。そして、翌89年2月以降、フレンドシップ・キルト作成・展示に向けて、仲間たちが「いのちの未来に原発はいらない」のメッセージを日本や世界中の人びとに届けるために、パッチワークをつなげる作業に取り組んだ。89年5月、1枚目のキルト（100人分）が完成し、志賀町原発反対シンボルタワーでお披露目をした。9月「かざぐるまフレンドシップ・キルト展」を金沢市内で開催し、「原発は人間とは共存できない」ことをキルトのメッセージに託して日本中旅をした。翌90年3月には、大阪YWCA制作の「ピースキルト」が関西電力本社前でパフォーマンスとともに拡げられた（「通信」No.22, 90.4.16）。世界中の人びとに知らせる運動もまた、緩やかな反原発行動であった（「通信」No.10-16, 89.2.6-8.18）。

水野は，90年金沢に「原発のお話・出前のお店」を開き，原発のしくみについて詳しく解説する市民運動家・中垣たか子を「通信」の「出前コーナー」に頻繁に登場させた。中垣は，のちに原子力防災を考える石川県民の会世話人，原発震災を案じる石川県民世話人を務める（「通信」No.28，90.11.20 ～）。

(2) 富山市

埴野佳子 1980年，富山県労協が運動方針から反原発の削除に抗議，仲間たちと反原発運動に取り組み，その中に埴野謙二・佳子夫妻がいたことは前述した。埴野佳子は，運動の最初の時点では「まず富山で何ができるかを考えるべきだ」と思い現地には行かなかった。83年，志賀原発設立候補地区への北電の猛烈な「個別訪問」や種々の裏工作によって，反対派の分断を計り土地買収を一挙に押し進めようとした。これら北電に対抗して，現地の粘り強い闘いと都市における反原発運動とが有機的に結びつくことで現地の力にならないかという趣旨で，7月「能登の自然を守る会」，「富来町ふるさとを守る会」が各地で結成された。市民の会は，現地へと足を運ぶことが一挙に多くなり現地の人々との信頼関係がより深められた。同年，看板を立てに行き現地で反対運動をしている"ばあさん"たちに出会った。「原発はよくないと自分のからだに刻み込んでいて絶対に土地は売らないとがんばっている。寝ころんでもボーリング調査はやらせないとかね，あるばあちゃんの姿なんて，三里塚」の女性と重なると埴野は思った。

埴野は，85年『社会新報』のインタビューに応え「能登半島を殺すな」のタイトルのもと，同会が原発設置予定地志賀町赤住の現状を語った。それによれば埴野は，2年前から現地に通い，地元のおもしろさにひかれて原子力発電所建設予定地赤住に富山から通った。赤住では，"女"が中心になってがんばっていることを知った。

埴野の経歴は，東京生まれの60年安保世代。東大在学中はデモに明けくれた。卒業後中学校の教師に，一生教師を続けたいと思っていたが，大学の教員である連れ合いの赴任地・高知でも教師を続け，68年に富山へ来た。60年安保を

共に闘った夫婦は10年後、そこで再度学園闘争にぶつかったのだ。富山の教員採用試験に受かり教職に就きはじめていたのに、結局、採用は取り止めになった。本人も、「富山大学の教師になった彼の紛争とのかかわり合い方のせいかな……」と。しかし、教育からは離れずに自由教室など実験的な試みも含めた学習塾「遊学塾」運営の顔も埴野は持っていた。

　埴野は、現地を目の当たりにして、「バラバラで闘っている赤住や西海の現状の人びとをつなげたい」というのを当面の目標にしていた。「反原発市民の会ニュース『と』」を夫・謙二や仲間たちと発行（No.1-No.27, 1981.12-1986.5)、情報発信をしていた。「（能登）半島を殺して私たちは生きられるのか」と自分への問いかけもした。

　この当時の北電は、原発設置に社運をかけており、もし不首尾に終われば関西電力に合併の話も出ていた。これに抗して現地の人たちと手をつなぎ、原発建設予定地の共有取得、団結小屋に常駐、多彩でしたたかな運動を「反原発市民の会・富山」は繰り広げていた[21]。

　埴野が、市民の会・富山の代表を初めて名乗ったのは86年3月、北陸電力社長宛に「通告文」や「抗議文」においてである。「通告文」には、「われわれは、いわゆる第二次買収予定地に土地を取得し共有している。今後、貴社は能登原発建設計画にかかわる一切のことをわれわれに対し知らせるべきである」とあった。「能登の自然を守る土地共有者集会」参加者一同代表の「抗議文」には、一切の調査活動を即時中止、予定地住民間に無用な混乱をもちこみ人びとの生活を破壊することをやめよ、能登原発建設計画を白紙撤回せよの3点であった[22]。埴野の60年安保闘争時の言葉がそのまま反原発運動によみがえった。

　奇しくも、同年4月26日、チェルノブイリ原発事故が発生した。原発事故から1周年の87年4月、各地で追悼集会が開催され、これを契機に反原発団体が団結へと向かう。同年には、「赤住を愛する会」を結成し反原発運動を続けてきた橋菊太郎夫人・たきに聞く会を開催した。橋たきから、北電が赤住の集落を原発立地と決定して以来20年、賛成者と反対者が狭い集落の中で挨拶もしない、共同体にとって大切な祭りさえできないような、地域住民の共同体

がバラバラに寸断され，かつての賑わいもなくなった様子を聞いた[23]。

翌88年2月，加賀・越中・能登を連鎖する，広瀬隆講演会（5か所・計2500人）が開催され，この時点から北電，石川県知事に対する「能登に原発はいらない」署名運動が開始された。加・越・能女性共同集会が開かれ，3月には，能登の自然を愛する土地共有者の会の「シンボル・ザ赤住」建設計画が決定した。やがて，加・越・能各地の人びとによる，「能登に原発はいらない」大集合第1回実行委員会を開催した。この辺りから，たった今「いのちが大事」と活動をはじめたばかりの，斬新な反原発女性メンバーによる身軽な身振りの集団（揶揄を込めてニューウェーブと呼ぶ）と行動を共にした。「原発なしでくらしたい」というさまざまな声が団結することで政治への市民参加と可能性を求めたからにほかならない。埴野は世界の民衆全体をいとも容易に「地球市民」との呼び方には抵抗があった[24]。

同年6月，石川県民の会，市民の会・富山（埴野佳子），七尾なまこの会（木下雅子），原発とめたい仲間たち（水野スウ）の反原発運動が一つとなって，北電本社（富山市）や石川県庁に大集合した。「いらんちゃ原発　だちゃかん原発」のスローガンのもと，集めた署名については金沢市のところで前述した[25]。その後については七尾なまこの会が詳しい。

(3) 七尾市

七尾なまこの会　86年4月26日，チェルノブイリ原発事故を受けて，翌87年9月，石川県七尾市に志賀原発反対を目指した女たちによる「なまこの会」が結成された。会員は，木下雅子をはじめとする鹿島郡，七尾市，田鶴浜町（現七尾市）在住の5人であった。いずれも志賀原発の炉心から半径15〜20kmの同心円状に含まれた位置に住んでいた。同年11月，北陸電力と石川県，志賀町，富来町が「能登原発1号機」準備工事に関わる環境保全協定に調印して準備工事に着工したことから，黙認するわけにいかずに行動を起こした。赤住地区で原発反対運動を続けている橋菊太郎・たき夫妻と川辺茂から話を聞く交流会をもった。やがて12月，「能登原子力発電所の建設中止を求める署名」集めを決

定。署名用紙は，石川県知事宛と北電社長宛の2種である。石川県知事宛には，「人類の生存を脅かす放射能に対する多くの県民の不安と拒絶の声が，あなたには聞こえてないのですか。地方自治体の総責任者である石川県知事の第一の使命は，住民の生命と安全をしっかり守ることではないですか。生命を生み育ててきた私たち母親は子供たちの未来を破壊する原子力発電所の建設を絶対に許すことはできません」と，住民の生命と安全を守れない知事であること，私たち母親は子どもたちの未来を破壊する原発建設を許すわけにはいかない，といった母親の立ち位置を強調した。

北電社長宛には，「過疎に悩む地元住民を金で操り，不安を訴える声に耳をかさないまま，美しい自然に恵まれた能登半島をめちゃめちゃに破壊しようとしています。（中略）あなたはこの恐ろしい高レベルの放射性廃棄物をどこへ棄てるつもりですか」と。

過疎に悩む地元住民を金で操ったこと，放射性廃棄物の処理の問題，人類の生命と生存を脅かす放射能との共存はあり得ないので，中止を要求するというものであった。

署名集めは，翌88年1月，金沢の平和を考える女たちの会，金沢の北陸婦人問題研究所等に依頼した。2月「申入れ書」を北電と石川県知事に提出予定だった。慣れない署名集めも2300人にのぼったにも拘わらず，知事が面会拒否，不受理に終わった。署名活動は，石川・富山交流会，地区労，市教組，郡教組などを通じてさらに展開され，6月の富山市の北陸電力本社に対し10万余人の署名簿を手渡そうとした一件については，金沢市のところで前述した。石川県庁には署名10万3300人分を提出に行ったが，県側の態度が不誠実なため持ち帰った。署名運動はさらに拡大し，「原子力の日」(10/26)，石川県知事宛，北電社長宛の署名簿提出は，ともに金沢・富山市と行動を共にしている[26]。金沢・富山・七尾をはじめとする女性の反原発団結行動が実現したのである。

3. 珠洲原発

(1) 電力3社の誘致運動

珠洲原発誘致 能登半島の北端に近い漁業と観光で有名な珠洲市の市議会で，原発誘致提言がなされたのは，1969年のことである（図2）。冒頭でも触れたように，中部・北陸・関西の電力3社が現地の珠洲電源開発協議会事務所を開設したのが84年，半島東側には中部が，西側には北陸・関西両電力がそれぞれ候補地として狙いをつけてきた。「珠洲方式」といって行政主導型の誘致運動で，電力会社は表に出ず，市当局が地元住民と話合いを重ね，先進地視察や講演会を織りまぜ，原発誘致のレールを敷き，受入態勢を整えていくものである。表面上は地元の誘致活動が常に電力会社の動きに先行して展開されたのである。住民側が事態を知る時には，もはや「手遅れ」状態というように，電力会社も巧妙な手口になっていた。具体的に東側寺家地区への中電の事前調査申入れは84年，西側高屋（たかや）地区への関電，北電のそれは88年のことである。以後地元と電力会社との攻防が続いた。西側高屋地区では，米が充分にとれない地域が関電，北電の原発候補地として狙われた。「原発反対」を決議，原発反対闘争委員会を結成した。住民の生活を見直す目が開かれ，女性たちは環境に配慮して合成洗剤を使わない運動に発展させ「原発拒否」の意志表示が示された[27]。

(2) 市長選・県議選で反原発地域ネットワーク

北野進を珠洲市長選・県議選に 89年4月の珠洲市長選挙に推進派の林幹人（みきんど）の対抗馬として，「止（や）めよう原発！珠洲市民の会」を結成し反原発派の北野進を擁立した。当時の北野は弱冠29歳，珠洲市に隣接する内浦町の生まれ，筑波大学卒後サラリーマンになったが，脱サラして有機農業に取り組んだばかり家庭教師のアルバイト収入と連れ合いのパート収入とで生計を立てていた。市内にはほとんど親戚もいない。選挙戦の最中，「子どもたちの命を売らないでください！」「子どもの未来がかかった選挙です！」，命の叫びが連日市内に響

き渡った。全国からのカンパが予想以上に寄せられ応援も市内外から駆けつけた。「原発いらない人びと」「いのちとみどりのネットワーク」のメンバーがオルグに駆けつけた。西川栄郎もその一人で、「事前調査を許してしまえば原発問題は事実上、珠洲市民の手をはなれ土地と漁業権、つまり地権者と漁業者に移ってしまう。珠洲市民が原発をとめるにはこの市長選挙に勝つしかない」と、熱く訴えた。開票では、当選・林幹人 8021 票、次点・北野進 6095 票、米村照夫 2166 票で、反原発票の北野と米村の票を加えると反原発票が過半数を 440 票上回るという画期的勝利であった。北陸中日新聞は「原発誘致におおきなかげりを投げかけた選挙」と評した[28]。

　北野は、市長選挙で手ごたえを感じ、91 年 4 月統一地方選挙では、「珠洲原発ネットワーク」(89 年のすわり込み闘争中に結成) を母体に石川県議会議員選挙に出馬した。珠洲市と内浦町で一体的に反原発運動を進めていく母体として、「自然と暮らしを守る珠洲・内浦住民の会」を発足させた。原発の危険性を徹底して訴え、珠洲原発の白紙撤回を目指した。反原発を全面的に応援してくれたのが蛸島(たこじま)漁協婦人部をはじめ女性たちであった。初当選し、珠洲の反原発運動に大きなはずみがつき、政治の舞台で反原発を訴えた[29]。北野によれば、珠洲市は、89 年から 93 年の 4 年間で延べ 8429 人を原発がある地への視察旅行に送りだしている。電力会社は、1993 年の 85 人を最多とする人員を珠洲の現地事務所に配置した。市と電力会社が一体となって原発立地にむけた活動を進めていたのである[30]。

珠洲市役所すわり込み　89 年 4 月の珠洲市長選挙結果を受けて、反原発をいままで言えなかった市民が堂々と言えるきっかけを作った。珠洲市民の会では、市民の意思確認を目的に反原発署名活動を開始した。5 月には、関電が高屋町で事前調査に着手した。住民たちはこの時、高屋と珠洲市役所で約 40 日のあいだ抗議を続け、すわり込み中に関西・北陸両電力が事前調査当面見合せを表明したように、調査を中断へ追い込んだ。きっかけは、蛸島(たこじま)漁協の母ちゃん 7 人を含む住民 300 人が市役所に押しかけ、市長の「前向きな回答」を聞きに詰めかけたところ、市長は「再度関電と話合ってみる」の言葉を残し所在不明に。

その後市民150人が市長の返事を待って，会議室占拠が続いた。すわり込み中に，珠洲市内地区ごとの反原発団体（高屋町郷土を愛する会，自然を護る地権者の会，三崎町反原発の会，宝立ネットワーク，止めよう原発飯田住民の会，原発を考える直地区住民の会，正院地区反原発の会，正院地区子孫を守る会，蛸島町海と大地を守る会，若山町原発を考える会）が集まり，「珠洲原発反対ネットワーク」を結成した。地元の真宗大谷派の僧侶，漁師，輪島塗師，魚屋，料理屋，主婦といったさまざまなメンバーによってである。反対派の市役所すわり込みは，40日目に解除し，自主退去した[31]。住民たちは同時に，高屋の状況を報告する会を，市内各地で毎晩開いていった。報告を聞いた人は，翌日には高屋へ駆けつけ，原発の計画に物申すグループを自分たちの住んでいるところで立ちあげたりした。

ふるさとを守る女の会　珠洲市内宝立で夫とともに写真館を営んでいた泉滋子は，ふだん政治への関心を持たない3人の子を持つふつうの母であった。ところが「突然原発がやってきた」。38歳を迎えた5月から泉は，「原発を作ったら子どもや孫たちに申し訳ない」との思いから，活動を始めた。地域婦人会も推進派で，自分も会員の一人だがどうしても納得がいかず叛旗をかかげた。高屋の状況を報告する会に，夫の「行ってこいよ。絶対聞いとけ！」の後押しもあり，参加した。報告する会では，落合誓子から高屋での関電作業阻止に「毎日ピケ張って止めてます」「今しか止める時はないんよ」と切羽つまった報告を聞いた。翌日から，現地高屋に作業阻止に通う日が続いた。また，市民約150人の市役所占拠も体験した。テレビで占拠の様子がアップで放映されると「我が町の恥さらし者」の声がささやかれた。下旬，自主グループ「子供達の未来を考える母の会」を結成し，「市政についてホンネを語る会」を主催した。生まれて初めてのことである。

　やがて，泉の反原発行動が本家に知れると，「新宅の嫁さんでさえ一生懸命になっとるのに……」と義兄は高屋へ出かけた。夫の「命の大切さ訴えてつぶれる様な店なら……」に対し，「お前がそんな気持ちならそれでいいけど……」という姑の言葉に，夫からの「許可証」だと受け取った。「全面的に家族の理

解と協力」を得て, 地域のしがらみを突破したのだ。6月下旬, 定例市議会開会に合わせ,「珠洲原発白紙撤回！」を求める請願書を市長, 地域振興課, 議長に手渡した。市議会を傍聴するも「白紙撤回」等にまつわる請願39件は不採択となった。「高屋町民と知事・副知事との懇談会」会場近くで「原発反対」のシュプレヒコールを叫び続けた。「宝立ネットワーク」のもとで「ふるさとを守る女の会」を設立した。8月中旬, ふるさとを守る女の会主催で, 大阪反原発講座の長沢啓行自主製作映画「あしたが消える」上映会を開催した。上映会のチラシを新聞の折り込み広告に挟んで宣伝したのも初めての経験だった。泉の心配をよそに上映会は大成功, 会場の廊下まで人があふれ, 参加者に感想文を書いてもらい, 手ごたえを感じた。偶然とはいえ, 谷渕隆朗講演会「リコール」(高知県窪川町ではリコールを経て, 住民投票によらず町議・町長選で原発計画をはね返した) を同会場で開催したことから, 反響は予想以上であった。谷渕隆朗は「原発反対運動に女性が動かない運動はダメだ[32]」が持論であった。

8月下旬, 原発反対の署名1万555人分を珠洲市長に提出に市役所へ行くも, 市長不在。関電飯田事務所へ署名提出に行くも, 立地部長不在で, 署名簿は不受理となった。10月下旬, Yさんへの手紙で「もう珠洲だけでは止められない」「石川県全体に認識して」もらい,「普通の主婦が反対運動」している事実を知って欲しい,「より多くの女性が立ち上がって」欲しいとホンネを書き送った。11月には, 義兄の依頼により, 石川県評婦人大会で珠洲原発の現状報告も行った。泉は,「我が町内で"反原発運動する普通の主婦"という異名」をもらった[33]。反原発運動を通して成長し, 一人の人間性を取り戻したのである。

(3) 市議選で議席を増やして

衆院選石川2区から女性候補　89年の珠洲市長選挙結果を受け,「政治を変えられるのでは」の期待から, 90年2月第35回総選挙に, 奈良市出身, 結婚を機に志賀町の隣富来町在住, 志賀・珠洲原発に反対する市民グループ設立の「衆院選2区を反原発でとりくむ会」(代表川辺茂) を母体として, 地区労の高橋美奈子 (30歳) が, 社会党推薦の革新系無所属から立候補した。いわゆる「マ

図2 「凍結」させた珠洲原発
（出展：北野進『珠洲原発・阻止へのあゆみ』七つ森書館, 2005）

ドンナ旋風」に乗った新人である。夫の堂下健一は, 大学卒後すぐ九州・水俣へ行き, 患者の支援団体の事務局で働いていたが, 故郷石川県に二つの原発問題が生じたことから, 84年富来町にUターン, 原発問題にきちんとかかわりたいと思ったからだ。高橋は, そんな彼に共感し, 法律事務所を辞めて生まれ育った奈良から, 半年後に能登に移り住んだ。地元富来町では羽咋郡市地区労の書記を務め, 同志社大学法学部卒の資格を生かす場もなかった。夫とは事実婚の別姓結婚を選んだ。夫の両親には「ヨメとしてではなく, 一人の人間として考え, 生きていきたいから」と, 自分の気持ちを伝えた。そのヨメが89年12月13日, いきなり次の衆議院選挙に立候補と告げたから, 「目立たぬよう」生きてきた姑は, うちのめされた。石川2区では革新系候補が当選したことがない。そんな場所で, 高橋は, 原発反対を訴える市民グループを母体に, 選挙

に立った。支える人は，共同購入の仲間，家庭文庫の主婦たち，若い僧侶，県外の応援組などさまざま。"ヨソ者"高橋は，二つの原発に反対して，ここ1，2年，半島各地に小さな市民グループが30余り生まれ，ネットワークづくりに身軽に立ち働いた。志賀原発差止訴訟原告団の事務も一手に引き受けた[34]。しがらみから自由な"ヨソ者"だからこそ託されたのであった。

　高橋は演説で，「能登が変わる。今変わる」「地盤も看板もカバンもありません」のキャッチフレーズ。「『あなたのような若い女に何ができる』という男性たちには，原発や消費税で女・子どもを泣かせてきたではないか」と歯切れが良かった。90年2月の選挙投開票の結果，珠洲市では，瓦力（自民・元防衛庁長官）6078票，高橋美奈子5038票，坂本三十次（自民・次期官房長官）4269票と，珠洲市では2位の，次期官房長官を破る結果となった。原発反対派の合計票は6099票にのぼった。社会党優位の選挙戦は落選するも，会社員の夫・堂下は「反原発運動を進めるうえで，ネットワークが広がった」と妻をねぎらった[35]。堂下は，後に志賀原発2号機訴訟原告団代表，富来町議，志賀町議を歴任する[36]。91年県議選で初当選した北野進も，90年の衆院選を「能登を自分の力でかえられる。あきらめるなというメッセージを地元に暮らす女性たちに浸透させた」と，自著に記した[37]。

反原発市議・落合誓子誕生　91年の反原発県議誕生を受け，同年の珠洲市議会選挙（定数18）で，反原発派市議，国定正重・落合誓子・新谷栄作・小谷内毅4人が当選した。それまで国定市議1人か0だった。4人は会派「珠洲市民会議」を結成。その1人落合誓子は，珠洲原発の反対運動を選挙結果に示すために市議に立候補し，当選した。落合は，1946年石川県珠洲市の真宗・乗光寺の娘として生まれ，京都女子大学短期大学部卒後，ルポライターとして東京で活躍。著書に『貴族の死滅する日　東本願寺十年戦争の真相』などがある。ちょうど原発騒動が始まった頃，直接の原因は父が病気のため寺を継ぐべく東京からUターンして故郷珠洲市の実家に戻った。90年から月2回発行の『トリビューン能登』（反原発新聞）を創刊。『原発がやってくる町[38]』は，その90年1年分を収録している。珠洲市長・助役の原発予定地の先行取得事件の

発覚，高屋の関電に劣らず寺家の中部電力が金のばらまきに一生懸命のこと，「珠洲市電源立地地域振興基金」の内幕では，高屋でも寺家でも5000万円相当の豪華集会場を建てた金の出処などなど，掘ればますます出てくる「原発ゴシップ」記事満載である。95年反原発市議4人から5人へ，99年反原発市議5人から6人へ躍進，反原発が議会で発言権を獲得，推進派ににらみを利かせたのである。

(4) 電力3社「凍結」へのシナリオ

原発の代理戦争 93年珠洲市長選挙を外からささえた女性がいた。同年日大芸術学部卒の山秋真(やまあきしん)である。山秋は，高屋町住職・小川竜一宅に寝泊まりしながら，「珠洲市原発反対ネットワーク」が市長選挙に擁立した，樫田準一郎候補側の応援である。選対事務局長は，小川竜一である。いどむ相手は現職市長・林幹人(みきんど)だ。93年の珠洲市長選は，文字どおり国策を背負わされた上，票数が合わず徹夜の混乱となった。当日有権者数は，1万8950人，投票者数1万7512人，投票率92.41%，不在者投票数1713人。開票結果，林票9199票，樫田票8241票，無効72票と一応確定した。票数が合わないまま，選挙管理委員会は強引に幕を引いた。有権者は同年12月，市長選無効訴訟をおこした。96年，最高裁で選挙無効判決。同年のやり直し市長選で，裁判に勝てても選挙に勝てないというのが実情だった。

　山秋は99年，原発がらみ脱税事件公判の傍聴に通った。『朝日新聞』の「原発用地取得／ゼネコン介在／関電，買収を依頼／偽装契約／分割譲渡／発覚恐れ画策」スクープから始まった。関電は，93年以降，ダミー会社4社をつかい，原発用地売買が発覚しないよう，周到に不在地主・土屋勇造との土地取引を売買契約・金銭消費貸借契約の二重契約とし，移転登記を避けた。2003年最高裁で被告の脱税有罪が確定した[39]。まさに代理戦争である。

珠洲原発撤退の日 2002年珠洲市では，2回にわたり原発問題リレーシンポを開催した。第1回の推進派講師・京大神田啓治名誉教授は，「温暖化問題に絡んで原子力が仮に再評価されても珠洲は地理的に不利である」と，率直に述べ

た。第2回の反対派講師・慶應大学・藤田祐幸助教授は，「原子力産業が世界的に斜陽産業となっており，原発推進派の国策も一枚岩ではなくなっている[40]」と，わかりやすく解説した。

2003年12月，関西・中部・北陸3電力社長が珠洲市長を訪ね，3社共同で進めてきた珠洲原発計画を凍結し，立地活動の取りやめを正式に申入れた。理由は電力需要の低迷，電力自由化等による厳しい経営環境であった。石川県知事にも凍結の経緯を報告した[41]。

おわりに

能登半島で生命と暮らしを守るために実にさまざまな女性・男性が，反原発運動にかかわるのを考察してきた。大学進学で能登を一旦出た後のUターン組には，反原発団体や女性たちの支持で石川県議の北野進，珠洲市市議の落合誓子，高橋美奈子の夫・堂下健一がいる。結婚，就職などが縁で能登へIターン組には，東京都出身のエッセイスト・水野スウ（金沢市，後津幡町），東京都出身の学習塾経営・埴野佳子（富山市），奈良市出身で90年衆議院選に立候補した高橋美奈子（羽咋郡富来町，後志賀町に合併）がいる。前者は故郷能登半島が原発による地元住民の放射能被害や自然環境破壊を危惧し，反原発行動に出た。能登は，落合の言うように，「閉ざされた，厳しい自然環境の土地では，一握りの権力者たちのためにその他の人々は自分の個性，意見を抑圧され，人としての能力や感情さえも抑えなければ，生活していけないような傾向[42]」があり，反対意見を選挙に表せない土地柄であった。落合はこの殻を破らねばと行動し，原発を追い出す最大の方法として市議会議員に率先して立候補した。後者は，地域のしがらみを持たないだけに，これぞと思ったことを実行に移していくタイプ。水野スウの反原発運動は，地元の女性のネットワークを最大限に用いて，日本全国へ発信し世界へつなげた。高橋奈美子の90年衆院選出馬は，落選とはいえ「快挙」であり，珠洲原発反対に大きなはずみを与えたことは事実である。女のネットワークは，緩やかで，強靭さがある。珠洲原発を阻止したのは，女性がよく動き，反原発運動を政治の世界へ踏み込ませ，議会での反

対派の議席を多く獲得することで，原発を追い出したのだった。原発追い出しには，今回言及できなかったが，「能登原発差止訴訟原告団」による裁判闘争の影響も大きい。1号機・2号機訴訟とも，女性を含む原告団は100人をこえ，裁判は，1989年から2010年にまで及び，「敗訴」した。控訴審判決理由で原発を「負の遺産」とし，"責任は国民"にあるとの指摘[43]は，原子力の平和利用の陥穽とも言える「科学信仰」「安全神話」に通底しているのではなかろうか。

注

1) 『戦後日本住民運動資料集成7 志賀（能登）原発反対運動・差止訴訟資料 第6巻いのみら通信他』すいれん舎，2012「いのみら通信」No.1, 1988.4.20。以下，紙幅の関係上「志賀（能登）原発反対運動・差止訴訟資料」を省略して記す。
2) 『戦後日本住民運動資料集成7 第4巻ふるさと団結小屋他』すいれん舎，2012, 242頁。
3) 『戦後日本住民運動資料集成7 第4巻ふるさと団結小屋他，第5巻金沢・富山資料，第6巻いのみら通信他』別冊に拠った。
4) 『朝日新聞』1987.4.27。
5) 『戦後日本住民運動資料集成7 第5巻金沢・富山資料』「反原発石川県民の会会誌」創刊準備号，1981.5.20。
6) 前掲注5に同じ，「反原発石川県民の会会誌」No.4, 1981.12.20。
7) 前掲注5に同じ，「反原発石川県民の会会誌」No.6, 1982.7.30。
8) 前掲注7に同じ。
9) 前掲注5に同じ，「反原発石川県民の会会誌」号外，1982.11.6。
10) 前掲注5に同じ，「共同アピール」45頁。
11) 『毎日新聞』1988.12.1。
12) 反原発市民の会・富山作成「能登（・珠洲）原発をめぐる攻防の歴史」http://net-jammers.net/anti-nuclear/pdf2012-06-11.pdf（2016.3.14閲覧）。
13) 『読売新聞』1985.8.28。
14) 『まだ，まにあうのなら』地湧社，1987, 増補新版 2006。
15) 水野スウ『まわれ，かざぐるま』若草書房，1990, 241頁。
16) 前掲注15に同じ，239-240頁。
17) 前掲注15に同じ，255頁。
18) 学生時代はノンポリ，反原発運動に無関心だったが，広瀬隆の原発講演を聞いてショックを受け，88年10月「グループ原発なしで暮らしたい」を結成。水野スウ『まわれ，かざぐるま』256頁。

19)『まだ，まにあうのなら』の著者。
20) 前掲注15に同じ，272-273頁。
21)『社会新報』1985.3.1「能登半島を殺すな！」インタビュー。
22) 前掲注5に同じ，市民の会ニュース「と」No.27，1986.5.31。
23) 前掲注5に同じ，市民の会ニュース「と」臨時増刊，1987.11.21。
24) 前掲注5に同じ，市民の会ニュース「と」特別号付録，1988.4。
25) 前掲注5に同じ，反原発市民の会・富山「早くしないと原発が危ない！！」446-450頁。
26) 前掲注2に同じ，能登原発反対署名各活動メモ／なまこの会，246頁。
27) 前掲注5に同じ，反原発石川県民の会会誌No.3，1981.9.23。
28) 北野進『珠洲原発阻止へのあゆみ　選挙を闘いぬいて』七つ森書館，2005，70-81頁。
29) 前掲注28に同じ，115-122頁。
30) 北野進と歩む会編『反原発から県政に迫る――北野進の通信簿』1995。
31)「いのみら通信」号外「珠洲の熱い風号」No.14-15，1989.5.24-1989.6.13.-1989.7.14
32) 猪瀬浩平『むらと原発　窪川原発計画をもみ消した四万十の人びと』農山漁村文化協会，2015，162頁。
33) 泉滋子『鳥ではないから・・・現地主婦が見た珠洲原発』宝立ネットワーク「ふるさとを守る女の会」，1990，27-260頁。
34)『朝日新聞』1990.1.31「女性と選挙〈下〉壁を越えて」。
35)『朝日新聞』1990.2.22「女性と選挙　3人，今」。
36)『戦後日本住民運動資料集成7　第11巻能登原発とめよう　原告団ニュース』すいれん舎，2012。
37) 前掲注28に同じ，93頁。
38) 落合誓子『原発がやってくる町』すずさわ書店，1992。
39)『朝日新聞』1999.10.11，山秋真『ためされた地方自治　原発の代理戦争にゆれた能登半島・珠洲市民の13年』桂書房，2007，37-96頁，126-130頁，98-122頁，178-242頁。
40) 前掲注28に同じ，303-304頁。
41)『朝日新聞』2003.12.5。
42)『石川の女性史　戦後編』石川県各種女性団体連絡協議会，2000，215-216頁。
43)「『原発裁判』で学ぶ」1号機訴訟筆頭原告・川辺茂「原告団ニュース　縮刷版発刊にあたって」『能登原発とめよう原告団ニュース』縮刷版　No.1-54，2000。http://alt-movements.org/shikagenpatu/shukusatuban_maegaki.pdf（2016.3.14閲覧）

自分たちの町のことは自分たちが決める
―巻原発反対運動と女性―

早川紀代

はじめに

　日本海にそった長い海岸線をもつ新潟県に，原子力発電所の建設を東京電力と東北電力が計画したのは1960年代後半である。東京電力は柏崎刈羽に，東北電力は巻(まき)に立地計画をたてた。これらの地は佐渡・弥彦・米山国定公園に指定されている。柏崎刈羽は住民の激しい反対運動をおしきって78年に1号機建設が着工し，85年に稼働を始めた。その後合わせて7基の原子炉が稼働した。巻では1969年6月に『新潟日報』が東北電力の立地計画をスクープしたのち，建設反対と推進の団体が組織されて，反対運動は2003年に東北電力が建設計画撤回を公表するまで，35年間近くつづいた。

巻町，日本海側最大の都市・新潟市（左奥）に隣接しながら角田山と海岸など豊かな自然に恵まれている港町。右端が原発建設予定地
出展『新潟日報』報道部『原発を拒んだ町』岩波書店　1997

反対運動の初期の組織「原発研究会」は巻生まれや巻出身の 22 歳の青年たちがつくった。他の反対団体の人びとも青年たちであり，彼らの，働き盛りの時期，あるものは結婚し，子どもを育て，子どもが成人する 35 年近くの時期を，生業に従事し，また勤めながら，原発の危険性を考え，巻の自然を守ろう，子どもに安全な将来を残そうと，運動を粘り強く続けてきた。原発建設反対運動は巻に限らず，殆どの地域で長い運動を展開してきている。

　巻の地域ではどのような反対運動の形がうまれ，建設を阻むことが出来たのか，考えてみたい。巻では反対運動の最終期に，自主管理による住民投票および住民投票条例を住民の力で制定しそれに基づく住民投票と，日本で最初の，2 度の住民投票をおこなっている。そのため，原発建設にかんする住民の意思を問うた巻の住民投票にかんして，多くの研究がなされている[1]。この小さな論稿では反対運動の経緯と性格，考え方，巻町の住民の考えがどのように変ってきたのかということに視点をおき，さらに，この反対運動，あるいは推進運動のなかで，女性たちがどのように考え，行動したのかということに着目する。

1. 反対運動の経緯・性格と思想，住民の考え

　はじめに巻町の地勢について記す。巻町は海底火山の隆起によってできた角田山によって浜の 5 つの部落（角海浜，五ケ浜，越前浜，角田浜，四つ郷屋）と町部・農村部に隔絶されている。浜の部落は江戸期に廻船業の基地であり，蓄積ある歴史をもっている。これらの部落では，角海浜で造った毒消しの丸薬を女性たちが江戸期末から 1955 年頃まで関東近郊に売り歩いた。

　町部は江戸期から西蒲原郡の行政中心地であり，1955 年に浜部落および周辺 6 町村と合併し，殆どの官公庁が存在した。中学校 2 校，県立高校 2 校（60 年代に 2 校増設）の教職員をふくめ官公庁職員は 600 名前後であった。91 年に組合員 1 万 2000 名強になる巻信用組合をはじめ，北越銀行など 8 金融機関や農協，酒造業など自営業者，小売商店，料理屋などがあり，巻商工会会員は 69 年末に 630 名であった。さらに巻町周辺に農村が広がっていた。60 年前後から 90 年代の人口は 7800 世帯，3 万人である[2]。なお，巻町は 2005 年に新

潟市と合併している。

　巻町の政治地勢は衆議院新潟1区定員3名の内2名の自民党議員（後1名は革新系）が巻の大手建設業者，その下請け零細企業が連なる派閥を形成していた。2議員の政策には殆ど差異がないため，俗に西蒲選挙といわれる血縁，地縁，社縁，金権による激しい選挙戦が選挙ごとに繰り広げられた。金がおどる選挙は町長選，町議員選でもおこなわれ，飲食接待（そのため人口に比して料理屋数が多かった）や金権は，町民にとって当たり前の事として受け止められていた[3]。

　このような巻の政治土壌のもとで，1977年建設推進派が行った「巻原子力発電所の建設同意決議を求める請願」に有権者1万2027名が署名している。1996年の住民の原発への意思を問う住民投票では，有権者1万2478名が反対の態度を表明した。20年間における真逆の変化はどのようにして生じたのか，一章で大雑把であるが，変化の背景をみる。

　長期にわたった反対運動を当事者の中村正紀や桑原正史は3期に，1969-1982（原発計画暴露から東北電力1号機設置許可申請の時期　中村はこの時期を激動期，桑原は原発賛成は保守系普通の町民　反対は一部の革新系か変わり者の枠組みととらえる，以下順序同），1982-1994（反対派共有地のため1号炉安全審査中断から町当局の原発計画凍結の時期，中村─充電期，桑原─反対運動への共感広がる），1994-2003（住民投票から東北電力計画撤回の時期，中村─住民決起期，桑原─再推進の動き，新しい住民運動の誕生）に[4]，同じく当事者の桑原三恵は1969-1981（原発計画進展，反対運動萌芽と摸索），1982-1990（計画凍結，反対運動深化），1991-2003（凍結解除，計画撤回，反対運動結実）に区分している[5]。筆者は当事者の時期区分を充分に参照しつつ，桑原正史は住民の変化を注意深く追っているが，住民運動の性格の変化を基準に，第1期を1969-1981，第2期を1982-1993，第3期1994-2003に区分したい[6]。

(1) 第1期　1969-1981

　東北電力が新潟県巻町，宮城県女川町，福島県浪江町小高に原子力発電所建

巻原発建設予定地
出典　今井一『住民投票』岩波書店　2000

設を計画したのは1967年，巻に関しては67年から浜の部落で最も住民の流出が大きかった角海浜の人びとの宅地や山林の買収を二束三文の買値で始めた。当時9軒13人の角海浜部落は74年に消滅した。買収の理由は保養施設の建設など観光開発であり，新潟市の食肉業者が電力のダミー会社として東北興産を名乗って買収した。東北電力の巻原発計画は1969年6月3日付の『新潟日報』で報道された。東北電力が正式に巻原発計画を公表したのは1971年である。71年にはすでに建設予定地の90パーセントを電力は取得していた。71年に電力は沸騰水型4基，78年着工，82年運転開始の計画への協力を県に要請，72年には角海浜の地質基盤調査，海象調査を行い，76年に81年1号炉着工，85年運転の計画概要を巻町に提出した。

　原発建設計画にたいし，地元はどう対応したか。自民党巻支部，町議会，町長はそれぞれ「原子力平和利用対策協議会」など推進組織を設立した。4年ごとに行われる町長選では，建設慎重推進を公約に掲げる候補者が当選し，在職中に積極推進になり，町長選で再び慎重推進の町長が誕生することを繰り返し

た。定員22名の議員の内，20名は推進であり，革新系議員2名が反対であった。『原発を拒んだ町』によると，町議会は電力に協力金を要請し，その総額は296億円に上がった。電力が協力金支出を拒否した83年には，町は再建団体になることを恐れ，陳情して協力金を得ている。県は一貫して建設に同意している。

　原発建設に反対する人びとは69年に，「巻原発阻止町民会議」（77年に「巻原発反対町民会議」に改称，共産党系），社会党巻支部，巻地区労連，西蒲・燕地区評が「角海浜原発3団体連絡協議会」，直後に「巻原発設置反対会議」に改称（事務局長は上越出身で20歳代の巻の農業高校教員中村正紀），巻育ち22歳の青年7人が「原発研究会」（遠藤寅雄が中心，71年浜の住民の意見により「原発を作らせない会」に改称）を設立した。

　建設予定地の浜の部落では，「原発研究会」「作らせない会」の青年たちが五ケ浜を中心に浜の部落に，遠藤は婚約者とともに通って，原発の危険性を共に学習した。五ケ浜部落の住民の99パーセントが原発反対の署名をし，「五ケ浜を守る会」が32代続く旧家の遠藤正経を会長に，70歳代の阿部五郎冶を副会長にして71年に結成された。72年には反対を主張する区長が当選し，電力に計画中止を求める意見書を提出した。73年に正・副の会長が逝去した後，県と町は無雪の有料観光道路を原発予定地を迂回して建設する計画の承認を五ケ浜に要請し，部落は上水道，漁港やトンネルの建設を条件に承諾し，守る会は消滅した。隣の角田浜にも71年に「角田浜を守る会」が斉藤政六などを中心に，越前浜では76年に「越前浜原子力研究会」が成立し，説明会で住民投票の実施を要求した。が，角田浜も越前浜もさまざまな推進派の策略があり，建設を承諾する。

　70年に反対の申入れを県に行い，毎年反対決議をだした巻漁協は，角田浜組合員の反対を押し切り反対決議を撤回して，81年に補償金39.6億円（巻28億円，隣村間瀬漁協12億円）で補償協定を締結，漁業権を放棄した。年間一定日数海にでることが組会員の資格であるが，多額の補償金を得るために異なる職の人間が漁船を購入し海で遭難，少なくない部落の人びとが亡くなったと

いう[7]。

　原発研究会の遠藤は，71年に自分が反対運動を続けていくことが出来る根拠として，五ケ浜の阿部五郎治所有の1号原子炉建設予定地近くの51坪の土地を購入，研究会7人の共有地にした。この共有地が後に原発建設を阻止するツールになる。76年電力は建設計画を巻町への提出，前述の推進派建設同意請願に基づき議会は激しい反対を斥けて77年に1号機建設に同意した。この事態に対応するために，「作らせない会」は共有地を浜部落と町部の住人の共有地にしようと「巻原発反対共有地主会」を結成し（会長角田浜の穀物・雑貨商白崎修平），70人が加入した。また反対会議の組織労働者は町の住人でもあることから，「原発から住民を守る諏訪の会」が発足し，反対運動の軸が巻の住民へ向き始めた。この頃反対運動のなかで実力阻止の運動方法や住民と遊離している悩みが出てきている。

　この反省は，電力が81年に行った環境影響調査縦覧，説明会での賛成住民の反対運動住民に対する罵声への対応や，資源庁ヒアリングの反対運動の際にも表れた。共有地主会の佐藤勇蔵は，立地調査賛成の町長リコール運動の高知県窪川町へ行き，反対運動に参加している高齢者の自民党支持者の姿をみて，巻との違いに驚く。敦賀原発の放射能汚染水の垂れ流しが大きな問題になり，8月に延期されたヒアリングへの抗議運動は，あらかじめデモ行進のルートを町民にしらせ，3000人の機動隊にも注意深く対応し，全国からも集まった8000人の集会を整然と行った。ちなみに巻では漁協協定の際の抗議集会，町議会の建設同意採択，ヒアリングと3回機動隊が出動している。住民にとっては異様な風景，自分たちとかかわりのない一部の住民の反対運動と考える原因になったと思われる。

　反対会議，共有地主会，諏訪の会は「原発の実態を知る町民集会」，またミニ集会を久米三四郎，高木仁三郎などを招いて開催，また3者が発行人の「反原発たより」（1号は反対会議発行）を8月までに20回発行して，原発の危険性を訴えた。以後勉強会，学習が反対運動の柱になっていく。また住民投票を求める署名を1万余名からうけている。

70年代は運動に参加しなかった，また二人の間で原発が話題にならなかった桑原正史，三恵の夫妻は，なにか異なる運動があってもよいだろうと夫妻と三恵の同僚の3人で81年12月「声の会」を結成し，手書きの「止めよう原発！！みんなの声で，いやなものはいやといいましょう，仲間を求めています　連絡ください」と記したチラシを巻駅で月2回，翌9月まで配った[8]。

　11月には1号機建設計画を通産省資源エネルギー庁電源開発調整審議会が認可し，電源開発基本計画に組み入れられた。巻原発建設は国策になり，住民はお国の政策だからと受けとめた。

(2) 第2期　1982-1993

　1982年1月に東北電力は1号機原子炉設置認可の申請を通産大臣に提出した。しかしながら，認可はおりず電力は2-4号機の計画を撤回，毎年着工と運転時期を延長して計画は宙吊り，凍結状態になった。理由はいくつかある。1つは建設予定地に未買収の土地が何か所かあったことである。通産省による設置認可の条件は建設予定地に未買収地がないことである。未買収の土地は共有地主会所有の51坪，社会党県議所有の土地など，さらに浜にある二つの寺が建設予定地の町有地にある墓地2か所の所有を主張して訴訟中であった。墓所訴訟は最終的に寺が最高裁への上告を断念し町の所有が決まり，町は墓地の整地をして電力の買収に備えた。

　凍結の2番目の背景は住民の人びとと運動の広がりである。現職の推進同意の高野幹二，建設慎重の長谷川要一が立候補した1982年の町長選に，「共有地主会」の高島民雄が立候補した。高島は新潟市に事務所を開く弁護士であったが，反対運動をつづけてきた人間が町長選を見過ごすことはできないと，事務所を2か月間閉鎖して選挙に臨んだ[9]。高島を支援する「原発のない住みよい巻町をつくる会」（略称「つくる会」，以後略称使用）が発足した。8月の町長選では慎重推進の候補が当選したが，原発建設反対のみを訴えた高島は，2358人の支持を得た。82年8月3日付『朝日新聞』はこの票の中身は濃い，反対運動の主導は組織から住民に移ったと分析した。反対運動は住民に根差した運

動に転回した。

　この期の運動にはいくつかの特徴がみられる。まず「つくる会」について。「つくる会」のメンバーは共有地主会，反対会議のメンバー，その妻などの家族であり（巻反対運動では第3期まで夫妻が共に活動している，原発の危険性は男女，年齢に関係なく認識される），また桑原夫妻や70年代に越前浜の学校の教員であったが関心を持たなかった女性など新しいメンバーが参加した。会員の7，8割は教員だった[10]。

　つくる会は「げんぱつはんたい町民新聞」（1982.9.9-2002.11.17　167号）とつくる会会報（後に読者のアドバイスで「反原発通信」に改称，1982.10-2004.6.27　246号）を月1回発行した。「反原発だより」は「町民新聞」に合流した。「町民新聞」は一般新聞におりこみ（費用は1回4，5万円），会報は会費2000円で頒布し，活動経費にした。購読者は全国にいた。代表は山口栄一，白崎修平，高島民雄（会報1号，後の号は高島），事務局は桑原正史，佐藤勇蔵など，編集責任者は桑原であった。

　「町民新聞」第1号は「子供達を放射能から守ろう，巻のすばらしい自然と農作物を汚すな，これらの叫びがいろんな人達をあつめ，つくる会」ができた，この輪を大きく広げようと訴えた。毎月1回の定例会は原発反対ならだれでも参加でき（新年会，忘年会も同様），町民集会，講演会などを1か月に1回ぐらいの割合で開催した。「町民新聞」は原発の危険性を高木仁三郎の著書の紹介や広瀬隆などの講演の紹介，とくに柏崎刈羽原発の連続事故の報告，また原発労働者の被曝をとりあげている。人工放射能がいかに身体に危険であるかなど原発危険性の訴えはチェルノブイリ事故以後，また第3期にさらに高まった。チェルノブイリ事故後88年4月東京日比谷に2万人が集まった集会の様子を元気な女性たちに注目して記している。全国の反対運動の記事も多く，相互に交流している。

　住民の声を講演会の感想や投稿をよびかけてよく紙面に賛・否意見とも反映している。84年12月に「地主会」，「つくる会」が実施したアンケートでは，77パーセントが建設反対であったが，いくら反対してもいつかは出来る（水

産　59歳男性），石油に頼ることはできない，反対をいっていると自分の働く場所がなくなる（25歳女性），反対と言って騒ぐのは町民の恥（パート　40歳女性）などの賛成意見を載せている。17歳の女子高校生は原発なくても生活できていると記している（「町民新聞」26号84.1.23）。高校生，中学生の発言がよくでてくる。1年ごとの運動の総括も掲載している。紙面は4コマ漫画とイラストが多用されている。会報はゆったりした紙面構成であり，かんで含めるような説明が多く知識を吸収しやすい。一度は拒否した部落入会地の買収の承諾を余儀なくされた五ケ浜部落の人びとに，町民新聞は労りの言葉をかけている（「町民新聞」11号83.6.3）。

　女性の動きが登場してくるのもこの時期である。高島敦子（高島民雄の妻）たちの「子供の未来と原発を考える婦人の会」，桑原三恵，大原八重子たちの「原発反対！婦人だより」の発行と駅頭配布，柳沢博子（医師）の「角海の鳴き砂をよみがえらそう会」などである。また町民新聞に女性の投稿が現れる。これらの女性の動きについては後述する。

　1981年ごろから，人影が途絶えた角海浜に浜茶屋を復活し，さらに昔毒消し売りの女性などが行き来した里道や角海浜の鳴き砂の浜を復元する取組が進んだ。反対会議などの青年たちが労力を提供してできた里道をとおり，団結浜茶屋にいたるハイキングを毎年5月，10月に行い，フェスティバルや鳴き砂大会が開かれた。「つくる会」の活動資金のために，中村の妻の実家が田圃を提供して稲藁をかりとり，それを畳屋などに売った。町の住民，新潟市など近在の市民も新聞報道などをみて参加し，住民とともにすばらしい浜を実感する活動を広げた。町民新聞や会報には角海浜の江戸期からの歴史が掲載されている。

　90年の町長選では，推進に変わった現町長と推進だった前町長の二人が原発問題は凍結するという公約を掲げた。これは住民の間に反対の気持ちが広がったためである。「つくる会」は凍結の内容を公開質問状で質している。1993年4月19日付「町民新聞」93号は「住民投票　原発と政治を切り離そう」というタイトルの記事を1面に掲げている。巻の住民は原発はいらないと思っ

ていても革新と思われるのではっきりいえない，けれど原発は保守も革新もない，他地域では保守の人間も反対している。保守・革新の枠をこえよう，住民投票をしようとよびかけている。巻の住民を囲繞していた，とくにしがらみに包まれた政治土壌をのりこえること，その自覚，決心を住民に呼びかけたのだった。

この時期に住民は新聞に折り込まれた「町民新聞」の記事やその他のチラシを読み，自分の考えを試行錯誤しながら紡いでいったと思われる。

(3) 第3期　1994-2003

1990年代にはいって東北電力は建設計画を再稼働した。電力は自民党の二つの派閥ごとにつくられていた推進組織を統合することを要請し，「巻原子力懇談会」(略称，「巻原懇」) が発足した。電力は77年発行の「あげは」にくわえ，広報センター「ルミナス」などを設けた。また共有地主会が所有する土地を迂回した建設予定地を設定した。反対運動の人びとにとって町長による町有地 (整地された2か所の墓地) 売却を阻止することが課題になった。佐藤町長は3期目の選挙をまえに凍結解除を仄めかし，フランス視察後世界一の原発を建設すると公言した。町議会は早期着工を求める7人の議員の意見書を採択した。建設工事受注組合も発足した。

一方，「巻原懇」の代表就任を依頼された商工会会長は商工会の会員には賛成も反対もいるとして就任を断った。商工会婦人部が開いた講演会には偶然だと思われるが，原発を危惧する女性が講師に招かれた。推進派の中心である商工会にも変化が現れていた。

94年から96年の3年間に巻町の住民は，町長選・臨時町長選，住民投票2回，町長と町議会議員のリコール2回と，疾風怒涛の政治の渦中にはいる。この時期には原発建設にかかわる三つの新しい階層が登場する。一つは大きな塊として反対運動の表面に現れた女性たちであり，さらに今まで運動にタッチしてこなかった自営業者であり，医師・歯科医師，看護師の参加である。巻，隣の西川町，新潟市の医師・歯科医師13人は「原子力発電所と放射能障害を考える

新潟県医師・歯科医師の会」を，さらに歯科医の苅部久子は女性の会を，看護婦の坂井恵子,佐藤文江（佐藤勇蔵の妻）は巻原発を考える看護婦のネットワークをつくった。地元の開業医の参加は住民に安心感を与えた。医師の会は学習会を開催している。

女性に関しては2章で扱うので，ここでは簡単に述べる。はじめに指摘したいのは，「町民新聞」，『新潟日報』，『朝日新聞』などの新聞に建設反対の女性の投稿があらわれたことである。つぎに佐藤町長の原発建設発言後，桑原三恵の提案により「つくる会」の女性たちは，なかなか反対をいえない女性たちの気持ちを折鶴に託して町長に届ける運動を開始した。この運動は急速にひろがり，13万羽の鶴が折られた。女性たちは原発建設をとどまるように，町長あて葉書を送る運動も行い，女性有志として同趣旨のアピールをだした。

94年の町長選に立候補した相原功の支持母体「青い空と緑を守る会」（略称「緑の会」）の原動力は女性たちであり，折鶴運動に参加した女性たちも少なからずいた。さらに95年の町議選に3人の女性が立候補してトップ当選し，99年3人，2003年には5人の女性が当選している。2004年の町長選では女性が立候補している。

つぎに自営業者の登場の経緯と運動について記す。94年の町長選では佐藤現町長，社会党と当選後に住民投票を行う協定を結んだ推進派前議員村松治夫，建設反対を掲げた相原功が立候補し，結果は佐藤9006票，村松6245票，相原4382票であった。後2者を合わせると佐藤票を上回り，なぜ反対派は統一できなかったかとの批判が住民から寄せられた。政治と原発は異なる問題だとして独自候補をたてず，2人の候補者を支持しなかった「つくる会」は，今後の方向を見失い重い空気に包まれたという[11]。

「緑の会」は選挙後第1回世話人会で原発のないくらしと福祉の町つくりを継続することを確認している[12]。「緑の会」の代表相坂功は産休明け保育もおこなう風の子保育園園長40歳，保育士・妻滋子との協同経営，事務局は洋品・化粧品を扱う小売店経営兼地元で活躍するシンガーソングライター中村作栄40歳，会員は坂井恵子と夫をはじめ30歳から40歳代の女性たちが多い。「青

い海と緑の会ニュース」8号（1994.7.29，ニュースは緑の会にちなんで若草色の用紙に印刷）には181人の女性たちが実名で名前を連ねている。主に保育園父母と会員の職場関係者である。相坂支援への依頼を断った社会党が，推進派だった前議員村松と協定を結んだことに憤り，20数年籍があった夫とともに社会党を離脱したと，坂井は語る [13]。社会党時代，県職専従の時代は動員によって反対運動に参加したが，現在は運動を創りだしているという。女性と町政を考える講座の企画など，女性を重視している。

　相坂が4000人以上の町民から支持を得た原因は，明確な原発反対とともに子育てと介護を中心に巻町の未来政策を掲げたことにあったと筆者は考える。「緑の会」は反対の気持ちをもつ巻の住民をあらたに掴んだ。「つくる会」は原発と政治を切り離し，原発はいのち，暮らしの問題だという考え方を住民に広めた。住民は納得しながら，つぎの展望を求めたのだった。「緑の会」は中村作詞作曲の会のテーマソングやその他の歌（全部で9曲創作，住民に人気があった角田山のメロディーは現在反原発運動で歌われている福島のふるさとの唄を連想する）をハモッて活動したスタイルが若い住民の共感を得たと思われる。

　町長選で示された原発いらない住民の声を前にして，巻で3代にわたって酒屋を営む田畑護人は，笹口酒造（現，笹祝酒造）の経営者笹口孝則ら自営業者と，反対派の票が町長の票を上回っている，町長支持者にも反対意見をもつ人間がいるのは確かだ，反対が多いのに原発が建設されるのはおかしな話，民意を示さなくては，町長も議会も住民投票はしないだろう，ならば自分たちで住民投票をしようと話し合った。田畑から相談をうけた義弟の高島はその発想に頭を殴られた気がした [14]。こうして笹口を代表に，雪割草栽培業者菊地誠を幹事長とする「巻原発・住民投票を実行する会」（略称「実行する会」）が94年10月に発足した。幹事として34人（内女性5人）が名を連ねているが，実行する会の事務を一手にひきうけた高島敦子は，会員ではなかろうかと指摘する [15]。「実行する会」は基本的立場として「民主主義の原点にたち，主権者町民の意思を確認し，これを尊重すべきであり，この機会を設定する。これが今回の私たちの行動のすべてである」とした [16]。原発建設にたいする賛否は問

わない，住民の意思を確認するために住民投票をおこなう趣旨である。

　実行する会の参加者は酒造業上原誠一郎や牛乳屋や米屋など自営業者，公務員，農民，主婦などであり，彼らは今まで運動に参加してこなかった。町に根付いて商う彼らの住民投票を求める運動は住民の間に大きな波紋をなげた。実行する会には原発に賛成する人も反対の人も自由に出入りして，意見を述べ合った。マスコミにもまったくオープンであった。言いたいことを言い合いながら，自然に意見がまとまっていったという。出入り自由な会のあり方は「つくる会」も「緑の会」も同様である。いままで反対運動を続けてきた「地主会」，「つくる会」，「反対会議」，「緑の会」，「町民会議」，折鶴運動の6団体は，「住民投票で原発をとめる連絡会」をつくって実行する会を支援した。初めて反対団体が一つにまとまった。

　「実行する会」は町長に住民投票の実施を申し込むが，町長は住民投票条例がないとして拒否，教育委員会が許可した投票所の体育館の使用も拒否したため，「実行する会」は自主管理の住民投票を実施する。推進派は投票ボイコット，投票はたんなるアンケートにすぎないと宣伝したため，会は周到に自主管理投票を準備した。まず広い事務所を設け，高島民雄が実施要綱を作成，選挙管理委員会をつくり，地区別の投票所10か所を設ける，区長が許可しない地域は自前でプレハブをたて，また空家のパブなどを利用，有権者名簿を写し，2万人をこす有権者への投票葉書の発送，弁護士10人を含む投票立会人の依頼，カンパのお願い，8銀行へ口座設定などを行い，1995年の1月22日から2月5日までを，1年中で一番寒い時期であるが，投票期間とした。これらの事務は高島敦子が担当した[17]。費用は1千万円近くかかったが，カンパその他で賄った。投票の結果は有権者の45.24パーセント，1万378人が投票し，うち建設反対は9854人であった。夜帽子を目深にかぶり，マスクをして投票する住民もいた。投票する行為自体が勇気のいることだった。建設賛成は町に金がおりる，既設の電力では不足という意見だった（『新潟日報』1995.2.6）。

　高をくくっていた電力や町議会はこの結果に驚愕し，電力は町有地売却を町長に申し込む。町長は売却を諮る臨時町議会を2月に開催しようとしたが，「つ

くる会」の桑原三恵と鈴木章治が夜を徹したハンガーストライキを行い，また大勢集まった人びとの行動により，臨時町議会は開催できなかった。ハンガーストには男女，老若の多くの住民が激励した。

　その年4月に行われる町議会選挙では，住民投票条例を制定できる数の議員を出すことが，実行する会，反対運動の課題であった。この選挙に高島敦子，中村正紀の妻中村勝子，相坂滋子が立候補し，トップ当選を果たした。保守系女性議員が一人いたが，一挙に3人の女性議員の誕生は晴天の霹靂だった。高島は選挙期間中田畑で作業している女性が顔をあげ手をふることがたびたびあり，当選を確信したという。条例制定議員が定数22人中12人を占めたが，2議員が制定反対にまわった。しかし制定反対議員の1人が誤って賛成票を投じ，議長は中立のため，住民投票条例は7月に制定・公布された。渡辺俊子などによる住民投票の実施を求める会もできた。

　議会は制定後90日以内に住民投票を実施するという条例項目を町長が議会の合意を得て実施すると改正，佐藤町長は住民投票を実行しようとしなかったため，実行する会は町長をリコールする署名運動を行う。リコール署名の受任者は1000名に達し，3週間内に住民の3分の1を超える1万231人が署名，町長は辞職を拒絶したが，12月突然辞表を提出した。翌1996年1月に町長選が行われ，笹口が当選した。町民は一息ついた気持ちであった。実行する会に念書を書き会の推薦をうけ当選したにもかかわらず条例反対にまわった議員も，また住民運動によってリコールされた。

　つぎの課題は住民条例に基づく住民投票の実施であった。町民への熾烈な広報合戦が始まった。東北電力は，新しく「明日の巻町を考える会」をつくり，社員6，70名を動員して個別訪問，賛成派議員は「ユートピアまき」「原懇婦人部ユートピアまき」「Mothers Act」を発行，新聞に折り込んだ。反対運動の団体の新聞も同様であり，毎日2種類の宣伝紙がはいった新聞が配達された。講師を招いた集会，新潟大学教員による連続講座など講演会も連日のように開かれた。町主催の賛成と反対の両者を招き，専門研究者と住民代表から意見を聞くシンポジウムには700人の町民が参加した。国の機関，資源庁も巻で連続

自分たちの町のことは自分たちが決める

1996年住民投票における
「連絡会」発行のチラシ

講演会を開いた。各団体の街宣車が町中を走った。「緑の会」はそろいのTシャツやミニスカートでテーマソングを流してまわり、数人がリレートークを、他の人間がチラシを配った。小学生たちがよってきてマイクを握った。坂井はガチガチの賛成派の高齢女性と自分をさらけ出して激論し、とうとう意見が一致してお互いに抱き合って泣いたと、現在も涙を浮かべる。中村もまた今までガラス戸をしめて聞いていた浜の部落の住民が、差し入れをもってでてきて聞いてくれたと語る。反対運動の各団体は地域を担当して戸別訪問を3回した。お茶によんでくれた家には反対運動が提案した古いハンカチに一言書いてつりさげたツリーの木ができていた（巻全体で40本のハンカチツリー）。

　投票日は笹口提案の7月7日ではなく96年8月4日になった。住民投票の告示日に町長は、原発建設は町民にとって大きな問題であり、町民の総意で将来の道を選択する必要がある、町民は27年間十分な情報を得て知識を養い考え充分な判断力をもった、住民投票の結果賛成多数であれば建設の方向にむかい、反対多数であれば町有地を売却せず建設は不可能になる、町長、議会は住民投票の意思に従って行動するというメッセージをだした。

結果は有権者総数2万3222人，投票総数2万503票（投票率88,29％），反対1万2478，賛成7904であった。賛成票を投じた人で多かった考えは，原発で町に金がおりる，どこかに原発をつくらないと仕方ないであった（『新潟日報』1996.8.5，今井『住民投票』）。笹口町長はこの結果を尊重し，町有地を売却しないと宣言した。町長は東北電力，県知事，国に住民投票の結果を伝えたが，計画は変更しないという回答であった。町議会も建設計画は有効であると主張した。

　町長が町議会に提案した電源立地対策課の廃止は一度議会の反対にあったが，97年に可決され，20年ぶりに原発予算なしの予算案が組まれた。が，99年の町議選の結果，推進派が過半数の13名になり，町有地が売却される可能性がでてきた。町長は「実行する会」と熟慮を重ね，1か所の町有地を「実行する会」の23人のメンバーに1500万円で売却し，電力への売却を食い止める手段をとった。東北電力が提示していた1500万円の売値は町長の裁量権の範囲であった。翌年の町長選で笹口は推進派の候補者に僅差で当選した。推進派は売却問題の住民監査を請求し，訴訟をおこしたが，新潟地裁は住民投票に基づき原発計画を推進する余地のない状態にした町長の判断は不合理といえず裁量権を逸脱していないとの判決を下した。2002年，03年に高裁，最高裁も上告を棄却した。

　2003年東北電力は計画撤回を新潟県に表明，翌年電力供給計画からの巻原発計画削除を正式に発表し，営業所なども撤去した。こうして1969年から始まった巻原発建設反対の運動は，実を結んだ。長い闘いであった。

2. 女性の動向

　巻原発反対運動にかかわる女性の地下水脈を探そうと試みたが，判明したことはつぎのような点にすぎない。1949年2月に巻町に行政が関与して地域婦人会が発足した。会長は食品千代子，13区と赤錆地区に各区2，3名の理事が選出されている。郡連合婦人会結成の準備会をもっている。会員は当時270名，50年後期には475名，敬老会，映写会，講習会，米袋継ぎ奉仕，乳幼児健康相談などの活動を行っている。当時すでにみのり会という農協婦人部や青年団

も発足している[18]。その後の活動は不明であるが，婦人会の会長を長らくしていた金子須美子が，つくる会に「ゆづり葉」という歌集を寄贈している。彼女は「つくる会」の会員であった（つくる会会報「反原発通信」215号 2001.11.25）。1960年代と思われる若妻会の明るい表情の女性たちの写真が，新潟女性史クラブ編『写真記録 新潟女性史』に載っている。

　巻の原発反対運動に女性が登場するのは，第1章でのべたように1980年代からである。反対会議の機関紙「原発たより」22号（81.9.2）につぎのような囲みのお知らせがある。「第1回フッ素・原発　1981年9月1日　講師内田洵子さん　〈フッ素と子供〉〈放射能汚染〉　婦人のみなさまへ　子供の未来と原発を考える婦人の会　私たち日ころ勉強する機会の少ない母親が，過日のチラシで〈今ここで真剣に考えなければとりかえしのつかないことになるのではないか〉と考え，この会を持つことにしました。けれども初めての試みなので，宣伝方法も見つからず，反原発たよりの紙上をお借りして，皆さんにお知らせすることにしました。今回の内容の他にも食品公害その他，ご希望があればやっていきたいと思っています」。連絡先は高島敦子になっている。82年5月には「子供の未来と原発を考える婦人の会たより」1号がでている。第5回目の会合をもち，原爆の記録映画「人間をかえせ」を上映したこと，参加者は25名，うち小学生女子2名，クラブ帰りの中学生男子10名，新入会員2名，次回はむし歯とフッ素について歯科医から話を聞くことなどが記されている。7月には「なぜ原発に反対するか，高島民雄さんから話をきく」会が開かれている。高島によれば，この会は共有地主会の妻たちがつくったようである。85年1月には講演会「あなたは子どもをどんな人間に育てたいか，今学校では」が開かれている。

　1982年12月には桑原三恵と高校の同僚教師，越前浜の中学校教師大原八重子[19]が手書きの「婦人だより」1号をだしている。交代で編集した「婦人だより」は89年6月発行の60号までだし，毎号巻駅で通勤客に朝配布した。しだいに挨拶をしあい，カンパをよせる住民もでてきた。「婦人だより」は，原発の危険性，とくに人工放射能が人体に与える影響，柏崎刈羽を中心にした原

発事故，各地の反対運動や原発関係の書籍を紹介している。桑原は巻に限定した運動をしたいと考え，他地域の運動の紹介はしなかった。

桑原は女性としての自分の立場を次のように記す。母親としてのふたつの生き方がある，一つは育児と家庭と仕事を第1にしてそれ以外は極力さける生き方，もう一つは子どもが生きていく現在と未来の社会に関っていく生き方，私は子どもたちのためにより良い社会を残せるような生き方をしたい[20]。夫正史は住民を蔑視した建設政策に憤りを感じたことが反対運動に入る初発の動機であった。

94年町長選でつくる会のメンバーが陥った重い雰囲気，三恵にとっては絶望感のなかでできることを探した。それが折鶴運動であった。最初目標は3万羽，折鶴の届け先は5人の女性であったが，前述のようにこの運動は女性の気持ちにフィットし，急速に広がった。女性たちは，原発は危険という自分の気持ちを伝えたかった。これは新聞投稿にもみられる。「町民新聞」には80年代から女性の動向を伝える記事がでている。

71号（89.11.5）には「私にとっての原発 シリーズ」に大越ふじ枝が放射能の怖さについて寄稿，78号から83号に柳沢博子がフランスやイギリスの原発反対運動を紹介している。柳沢は自分の肩書きを兼業主婦・医者としている。93年には，保守系町議員田中タツ子の「女川原発見学記」に，安全という説明をうのみにするのは子どもの使いと同じ，故障を起こす発電をしっかりみてきてほしい，あなたも母親でしょうという本間永子の投稿，94年には30歳代女性 舘久美子による推進派の議員は組織に忠実になろうとして自分を見失っていないか（「町民新聞」93号3.7），94年8月20日付『新潟日報』には「西蒲巻町 内気な母ちゃん 主婦33歳の女性」が，「〈でしゃばるな〉，〈嫁は黙ってれ〉〈仕方ねえろ〉といわれても嫁とはそんなものかと今までは黙ってきました。でも，きっぱりやめました。8月7日原発推進の町長当選，こんなのいやです。年よりたちがなんといおうと私は言います。〈原発反対〉〈原発は危険だ〉〈原発は巻町にいらない〉（略）私達は美しい自然も住む家もそして一番大事な命を失ってしまうのです（略）」（「ホンネ交叉点」）と記す投稿が掲載され

た。95年の自主管理住民投票直後，ききみみずきんの民話に託して町民の声が聞こえなくなった町長の姿を描き，ハッピーエンドは自分たちでつくっていくべきと記した若い母親（「町民新聞臨時特別号」95.2.18　桑原三重によると，この女性は福島原発事故後，朝日新聞に巻に原発をつくらなくてよかったと投稿している），人びとを戦争に駆り出したことを国はかくべきだと集会で発言する80歳の女性もいた。

　94年以降本格的に活動する「緑の会」の女性たちについては前述した。「実行する会」の高島敦子についても言及した。彼女たちの地道な活動があって3人の女性が町議選に立候補し，トップ当選した。彼女たちの最初の議員としての活動は住民条例を制定する仕事だった。高島，相原は2期議員（相原の後継者は坂井恵子）を，中村は3期議員の仕事をした。高島は町長3期目をしないことを公表した笹口にかわって2003年に町長選に出馬した。が，選挙中東北電力が建設計画撤回を公表したため，保守系候補者が当選した。

　反対運動をおこなった女性たちには共働きが多い。また夫妻ともに活動している。坂井は3交代勤務，子育て，組合，そして反対運動と大変だったが，運動を自分たちで創っていくので楽しかったという。母ちゃんが運動すれば父ちゃんがついてくるという。戸別訪問して夫が賛成派であっても，妻が台所口からでてきて私は反対といってカンパを渡したと高島はいう。原発の危険を肌身で自覚したのは妻，女性，とくに妊娠中や子育て中の女性である。「緑の会」事務所に仕事を手伝いたいと訪ねた臨月の女性もいた。

　自主管理住民投票や住民投票条例について性別，年齢別などに類別したアンケート調査では，70歳代は賛成の比率は男性が僅差で高いが，あとの年齢は女性が高い。また居住年数でみると20年以下の居住年数では圧倒的に賛成が高い[21]。地縁，血縁などのしがらみがないことは活動していく上で，大きなポイントになった。

まとめにかえて

　保守的な巻の町の住民が原発建設を撤回させた条件はいくつかある。

1つは中村正紀の指摘によれば，生まれも育ちも異なる団体がまとまって一つの力になったことである。高島民雄はそこに本気で阻止しようとする人びとがいたことを挙げる。筆者はさらに生まれも育ちも異なる住民の一人ひとり，個人が原発の危険を町の経済発展に優先させて考えたことも付け加えたい。第2には反対団体が力をいれた原発の危険を示す確実な情報の提供である。笹口町長は建設賛成や反対ではなく，まず原発の危険を認識することが第1と語った[22]。決断を促す力は情報の提供と学習である。

　第3に住民投票にいたる過程は，巻の住民が長い間幾重にも重なったしがらみから抜け出る過程であった。保守系の選挙運動にどっぷりつかっていた石塚又造は，嫁に連れられて実行する会の事務所にいき，保守系とまったく異なる運動に眼が覚めたという[23]。中村がいうように，地域で暮らしている人間として，住民にとっても，運動する人間にとっても，この運動は自分の頭で考え，判断する民主主義を培う場であった。「町有地はみんなのものだ」というフレーズに示された地方自治とは何かを考える場であったのではないかと，筆者はつくづく考える。

　第4に反対運動の要になる時期に，チェルノブイリ事故や阪神淡路大震災，もんじゅ事故，動燃臨界事故，柏崎刈羽事故など大きな事故が発生していたことであり，第5に住民投票条例可決の際に，再度議会にかける再議の方法をとらなかった佐藤町長などの戦術の拙さである。

　そして，最後に強調したいことは，女性たちの運動である。女性たちの発想や運動が，原発は危険だ，美しい自然はそのままに，子どもに安全な社会を残したいと思う住民たちを広げていったことは確実である。上述のように，嫁に感化された舅も生まれた。女性たちの運動が「住民投票を実行する会」のように反対運動の局面を変えたかどうか，判断できないが，女性たちの運動がなかったら，巻の反対運動は成功しなかったかもしれない。反対運動のなかに女性の運動を正当に位置づける必要がある。

　住民投票の結果を記念する碑が1997年に建立された。しかし，新潟市と巻町の合併は坂口町長がめざそうとした町民の暮らしに沿った町政の実現，巻地

域の自治を発展させる上でハードルになったと思われる。なお，桑原三恵は「いのちと原発を考える新潟女性の会」をつくり，2016 年 1 月に 47 回目の学習会を開いている。

注

1) 中村正紀「巻町の住民投票，その成果と課題」『教育評論』1996 年 12 月号。
同『小さな町の大きな選択―巻原子力発電所反対住民投票までの 27 年間』ミュートス，1996。
桑原三恵「巻町住民投票の選択」『状況と主体』249 号，1996.9。
桑原正史「自主管理の住民投票から条例制定へ」『月刊むすぶ』289 号，1995.10。
桑原正史・桑原三恵『巻原発・住民投票への軌跡』七つ森書館，2003。
桑原正史「巻原発問題・町内諸団体解題」埼玉大学共生社会研究センター監修『戦後日本住民運動資料集成 2　巻原発反対運動・住民投票資料（10 巻）　別冊　解題・総目次』すいれん舎，2007。
中村紀一「巻原子力発電所建設と住民投票運動」前掲『巻原発反対運動・住民投票資料　別冊　解題・総目次』。
中川一良「巻町における住民投票」『都市問題』1996 年 1 月号，同「巻町・住民投票・その後」『都市問題』1997 年 2 月号。
新潟日報報道部『原発を拒んだ町　巻町の民意を追う』岩波書店，1997。
今井一『住民投票』岩波書店，2000。
巻原発設置反対会議『燃え続けた反原発の火　巻原発 35 年のたたかい』2004。
桑原正史「巻原発問題の経緯とその行方」『技術と人間』2000 年 3 月号。
伊藤守・渡辺登・松井克浩・杉原名穂子『デモクラシー・リフレクション』リベルタ出版，2005　など。
資料集成として『戦後日本住民運動資料集成 2　巻原発反対運動・住民投票資料』10 巻にほぼすべての関連資料が所収されている。埼玉大学共生社会研究センター監修　すいれん舎。
2) 『巻町史　近・現代』通史編「第 4 節変貌する巻町」から。
3) 中村正紀によれば 1978 年の町議選ではスイカにお札を丸めたストローをさして渡していた。2016 年 1 月 28 日談。
4) 中村の時期区分は「35 年の闘いとその成果」前掲『燃え続けた反原発の火　巻原発 35 年の闘い』から，桑原の時期区分は『巻原発・住民投票への軌跡』からとった。
5) 桑原三恵作成「巻原発建設計画撤回の経過」。
6) 以下の経緯の叙述は新潟日報報道部『原発を拒んだ町　巻町の民意を追う』，

桑原正史・桑原三恵『巻原発・住民投票への軌跡』，巻原発設置反対会議『燃え続けた反原発の火　巻原発35年のたたかい』―などによる。東北電力買収地の90％は『巻町史』，『原発を拒んだ町』の叙述による。

7) 中村正紀談　2016.1.28，川口祐二『潮風の道―海の村の人びとの暮らし』1997，ドメス出版。
8) 桑原三恵談　2016.1.29，「声の会」チラシは『戦後日本住民運動資料集成2　巻原発反対運動・住民投票資料』4巻　所収。
9) 2016.2.16　高島民雄談。
10) 2016.1.29　桑原三恵談。
11) 前掲『巻原発・住民投票への軌跡』。
12) 青い海と緑の会編『住民投票へ行きましょう』1997。
13) 2016.2.15　談。
14) 今井一「第2章新潟県巻町」前掲『住民投票』。
15) 2016.2.16　高島敦子談。
16) 巻原発・住民投票を実行する会　「住民投票をめぐる問題点」前掲『戦後日本住民運動資料集成2　巻原発反対運動・住民投票資料』9巻。
17) 2016.2.16　立会人弁護士の準備は高島民雄談，事務は高島敦子談，尚，町当局の投票会場貸与の拒否などを表現の自由を侵す人権侵害として損害賠償を求める訴訟を原告笹口，弁護人高島でおこし，勝訴している。実行する会は笹口町長による町有地売却にかんする推進派の訴訟と2度訴訟を経験している。
18) 多賀良「巻婦人会発足の日」巻郷土資料館友の会『まきの木』98号，2013.4。
19) 大原八重子「わが人生，わが反原発運動」三輪妙子・大沢統子編『原発をとめる女たち』社会思想社，1990。
20) 前掲『巻原発・住民投票への軌跡』。
21)「第5章　女性の政治参加と政治意識」前掲『デモクラシー・リフレクション』。
22) 前掲中村紀一「巻原子力発電所と住民投票」。
23)「第4章政治過程の変化」前掲『デモクラシー・リフレクション』。

第3部

原発をめぐる最近の動向
— 新聞報道による —

宇野勝子

はじめに

　福島第一原発の事故から5年を目前にした2016年2月24日，東京電力は，核燃料が溶け落ちる炉心溶融（メルトダウン）の判定基準を明記した「原子力災害対策マニュアル」を発見したこと，マニュアルに依れば事故の3日後にはメルトダウンを判定できていたことを発表した。それは柏崎・刈羽原発再稼働との関連から事故を検証し続けている新潟県の技術委員会の要求に応じて調べ直した結果の発見であるという（『朝日新聞』- 以下『朝日』と略す　2016.2.25）。重大な事故を起した責任者として事故後の態勢を綿密に検証する作業はなされていないのだろうか。マニュアル発見に5年もかかったことへの謝罪で済むことではない。さらに，3月はじめ，東電からの政府への緊急事態発生の報告が1時間ほど遅れていた可能性があることを確認したという（『朝日』2016.3.2）。いずれもが事故発生の折には，時を争う「いのち」の問題である。
　この年2月29日には，東電の元会長と2人の元副会長が強制起訴された。11人の市民によって構成される検察審査会が2014年7月と2015年7月の2回にわたって「起訴すべき」と議決したことに基づく強制起訴である（『朝日』2016.3.1）。市民の力の結集による成果である。原発事故の刑事責任が裁判の場で問われることになった。
　福島第一原発事故に関する報道を通して，使用済核燃料の保管をはじめとして山積する多くの難問題の事実を知った。ここでは，最近の朝日新聞記事を中心に原発の実態についてまとめることとする。そのことによって原発への確かな認識として整理し追求し続ける歩みとしたい。それは，確実な意識として原発への関心をよせてこなかった私自身の悔いと反省からでもある。「核兵器」

と「原発」は同じ根をもつ。私たちには，現在にそして未来に向けて叡智を以ってこの問題に対すべき大きな責任がある。

1.「原発は重要なベースロード電源」

2014年4月，安倍政権はエネルギー政策の方向性を示すエネルギー基本計画を閣議決定した。原発の比率を「可能な限り低減する」としながらも，原発を「重要なベースロード電源」とする福島第一原発事故後に示された初のエネルギー政策である。

2012年に発足した原子力規制委員会が翌年に作成した新規制基準による審査をクリアした原発はすべて再稼働する方針を明確にした。さらに，原発が立地する自治体の理解と協力を得るために国が前面に立つこと，高速増殖炉「もんじゅ」（福井県敦賀市）を中核施設とする核燃料サイクル政策を推進することも明示された（『朝日』2014.4.11）。このエネルギー基本計画をつくる際に内閣が国民に募った「パブリックコメント」では，脱原発を求める意見が9割を超えていた。しかし，この事実は国民には示されず，エネルギー基本計画にはくみ込まれなかったのである[1]。2013年6月以来続けられている朝日新聞による世論調査でも国民の過半数が再稼働へは慎重意見であった（『朝日』2015.1.6）。

2015年3月に来日したメルケル独首相は，来日直前にビデオ声明を発表して，福島第一原発事故の映像を見て原発停止を即断し，2022年までの原発全廃を決めたことを表明した。さらに，脱原発や再生可能エネルギーの重要性を強調した上で，「日本も共にこの道を進むべきだと信じる」と提言した（『朝日』2015.3.9）。講演会でもこの旨を強調し，「私は長年平和な核利用を支援してきた」「ドイツの平和的な核エネルギーの時代は終わる。私たちは別のエネルギー制度を構築するという決定」であると語った。一方，ドイツとともに脱原発の道を進むべきことを提言された安倍首相は，共同記者会見の場で「なぜ日本はまた再稼働を考えているのか」とするドイツ人記者からの質問をうけて，「低廉で安定的なエネルギーを供給していくという責任を果たさなければなら

ない。基準をクリアしたと原子力規制委員会が判断したものは再稼働していきたい」と述べている（『朝日』2015.3.10）。7月，2030年度には原発を総発電量の20〜22％とすると決定した。

2. 難航する核燃料サイクル

　日本の原発は，使用済燃料を再処理してプルトニウムとウランを取り出して再利用する核燃料サイクルを前提としている。また，使用したプルトニウムを増殖させる「高速増殖炉」を「夢の原子炉」として1950年代半ばから研究・開発に取り組んできた（『朝日』2015.11.14）。1956年9月原子力委員会が公表した第一回の「原子力の研究，開発及び利用に関する長期計画」は，「わが国における将来の原子力の研究，開発及び利用については，主として原子燃料資源の有効利用の面から見て増殖型動力炉がわが国の国情に最も適合すると考えられる」（常石敬一『クロニクル　日本の原子力時代　1945〜2015年』岩波書店）と記している。1983年5月に設置が許可された高速増殖炉「もんじゅ」は，1994年4月に臨界に達した。しかし，翌95年12月試験運転中に冷却材として大量に使われているナトリウム漏れを起し，虚偽報告も問題となって97年9月に総理大臣名で一年間の運転停止命令が出された。2010年5月に運転を再開するが3か月後に再び運転停止。12年11月には約1万点の機器点検漏れが発覚して，翌年5月に原子力規制委員会が運転再開準備禁止の命令を出した（『朝日』2015.11.5）。それにもかかわらず，「もんじゅ」は一日約5000万円，年間約200億円もの国費をかけて維持されている（『朝日』2015.11.19）。15年11月原子力規制委員会は，「もんじゅ」を運営する日本原子力研究開発機構（原子力を総合的に扱う唯一の国の研究機関）に運営からの「退場」を勧告した（『朝日』2015.11.14）。「もんじゅ」は存廃の岐路に立つ。

　さらに，1993年に建設が始まった青森県六ケ所村の「再処理工場」や「MOX燃料加工工場」もトラブルで先行きの見通しが立たない。原発から排出される使用済核燃料の再処理工場，MOX燃料加工工場，そして，高速増殖炉は，核燃料サイクルを前提とする原発の中核をなす施設である。しかし，それぞれが

大きな矛盾の渦中にある。現在，日本は使用済核燃料の再処理を英仏に依存している。2014年末現在でのプルトニウム保有量は，海外に約37.0トン，国内に約10.8トン，計約47.8トンに達している（『朝日』2016.2.1）。それは，核爆弾6000発に相当する。

3. 先行きが見えない「核のごみ」の処理

使用済核燃料の再処理で生じる高レベル放射性廃棄物—核のごみは，ガラスで固め金属製の容器に入れた「ガラス固化体」（高さ約1.3メートル，重さ約500キロ）にして300メートル以深の地下に10万年程度埋め置いて処分する。政府は，2000年6月に公布された「特定放射性廃棄物の最終処分に関する法律」に基づいて，2002年から最終処分場の建設を求めて全国の市町村に公募を始めるが，事態は一向に進まず，2015年5月国主導で処分地を選ぶ方式を基本方針とすることを閣議決定した。しかし，朝日新聞の調査によると2016年1月末段階で正式に応募した自治体は無く，北海道・福島・新潟・石川・福井・京都・高知など19道府県が最終処分場の受け入れ拒否を表明している（『朝日』2016.1.27）。1972年，原子力委員会は「原子力の研究，開発及び利用に関する長期計画」で廃棄物問題を指摘し，原子力発電をはじめとする大規模な原子力開発利用が進められれば大量の放射性廃棄物が発生することを掲げているが，そのための具体的な方策は提示されてこなかったのである[2]。

現在，全国各地の原発には計約1万5000トンの使用済核燃料が使用済燃料プールに保管されている。しかも保管量はプールの貯蔵容量の7割に達しており，中部電力の浜岡原発（静岡県）はあと2.3年で，関西電力の高浜原発（福井県）は7.6年で満杯になる。日本原然再処理工場（青森県六ケ所村）の3000トンのプールもほぼ満杯である（『朝日』2016.3.3）。それでも再稼働が推進されようとしている。使用済核燃料処理の明確な方策なくして原発の再稼働を認可するべきではない。2014年9月，日本学術会議は，再稼働の条件として，放射性廃棄物の処理施設を事業者の責任で確保すべきとの見解を発表している[3]。

「10万年だよ。……日本の場合そもそも捨て場所がない。原発ゼロしかないよ」。2013年8月にフィンランドの核廃棄物最終処分場「オンカロ」を視察した小泉純一郎元首相の発言である。400メートルの地下，2キロ四方の広場の「オンカロ」に「行って納得，見て確信」した小泉は，「原発ゼロ」への思いを強くしたという（『毎日新聞』2013.8.26）。フィンランドは，2001年議会で世界最初の核最終処分場建設計画を認可し，建設予定地でトンネルを掘って岩盤の硬さなどを調査してきた。15年11月建設許可，23年に稼働開始の予定である（『朝日』2016.3.10）。

4. 生活の場に一時保管される「指定廃棄物」

福島第一原発事故では，放射性物質が岩手から静岡に至る広い地域に飛散して稲わらや草木や下水汚泥などを汚染し，除染が行なわれた。そのうち1キロあたり8000ベクレルを超える「指定廃棄物」（自治体の申請により国が指定）は，2015年9月末の時点で計約16万6000トン。各県で出た廃棄物は各県で処理するとした2011年11月の閣議決定に基づいて1都11県で一時保管されている。一時保管は下水処理場や農家の敷地などが利用されており（『朝日』2015.12.3），生活の場に保管されているのである。

宮城県登米市のある田んぼには，約194トンの稲わらを一時保管するビニールハウスが並んでいる。遮光性素材によるビニールハウスの周りには放射線を遮蔽する効果を期待して土嚢が積まれている。市が個人から借りた農地である。土地を貸している農家は，「期限は示されていない。当初は2年の約束が延長になって」と困惑している。

「一時保管は緊急処置で，台風や洪水で飛散，流出する可能性もあり処分場の早期建設が必要」（『朝日』2015.11.23）とする環境省は，「指定廃棄物」を一か所に集めて保管する処分場建設計画を受け入れた福島県に続いて各県でも処分場建設計画を進めたいとしている。しかし，住民の反対などで見通しは立っていない。2016年2月，環境省は福島県の中間貯蔵施設（処分場）を大熊町と双葉町の約16平方キロの土地に整備する計画を明らかにした。けれども，

これまでに取得できた土地は1%にも満たない（『朝日』2016.2.20）。

　2016年2月，事故から5年に近い時間が経過して指定基準を下回る廃棄物が増えている状況をうけて，環境省は濃度が指定基準を下回れば指定を解除して各自治体で処分できるように変更する方針を示した。廃棄物の保管量が多い宮城，福島，茨城，栃木，群馬，千葉の6県では一か所の処分場に集めるとしてきた集中処分方針の転換である（『朝日』2016.2.5）。千葉県では，3月17日，千葉市内で，県が同席の上千葉市など県内保管10市の担当者が集まり国から解除ルールの説明を受ける予定である。茨城県は，2月に現場での一時保管を継続する方針を決定している。各県それぞれの事情があり，「指定廃棄物」の処理は簡単には進まないのが実状であろう。その上，「指定廃棄物」の基準に達しない汚染ごみでさえ住民の反対で処分が滞る自治体も少なくない（『朝日』2016.2.5）。

5．再稼働する原発—川内原発（鹿児島県），高浜原発（福井県）

　九州電力川内（せんだい）原発は，2014年9月，全国ではじめて新規制基準を満たしていると認められ，11月には鹿児島県知事と薩摩川内市長が川内原発再稼働受け入れを表明。翌年4月，鹿児島地裁（前田郁勝裁判長）が運転差し止めを求めた住民の仮処分申し立てを却下し（『朝日』2015.4.23），8月に1号機が，10月に2号機が再稼働した。それは，住民の避難計画が不備のままの再稼働であった。避難計画の策定が義務づけられている原発から30キロ圏内の医療機関と社会福祉施設に避難計画が求められたが，鹿児島県は「非現実的」として対象を10キロ圏に絞った。しかも，県によると30キロ圏内の約240施設のうち避難計画を作り終えたのは10キロ圏の17施設のみで，10〜30キロ圏は事故後に避難先をコンピューターで探すという（『朝日』2015.10.16）。住民の「いのち」に関わる避難計画は，再稼働の審査対象になっていない。福島第一原発事故による教訓は生かされなかったのである。

　再稼働後の2015年12月，再稼働にむけた審査では2015年度中に3階建の免震棟を完成し，その中に約620㎡の「緊急時対策所」を設けるとした「免震

重要棟」の建設を撤回することを申請した。免震棟が完成するまで使うとしていた耐震構造の代替対策所を利用し、隣に耐震の支援棟をつくるという（『朝日』2016.1.27）。「免震重要棟」は、2007年の中越地震で耐震構造でなかったドアが地震で歪んだために、緊急時対策室に入ることが出来なかった経験を教訓に導入された。福島第一原発事故では大きな役割を果たしている。2013年に「実用発電用原子炉及びその附属施設の技術基準に関する規則」が制定され、「重大事故等対処施設」で詳細に定めている[4]。

新規制基準では「緊急時対策所」の設置を義務づけているが、免震を必須とはしていない。しかし、12月の免震重要棟建設撤回の申請は再稼働後の方針転換であり、許されることではない。2016年1月、原子力規制委員会は九州電力に申請の出し直しを求めたが、3月25日九州電力は耐震構造にすることを正式に発表し、規制委員会に改めて原子炉設置変更の許可を申請した（『朝日』2016.3.26）。

2016年1月29日、関西電力高浜原発3号機が再稼働した。新規制基準のもとでの全国初のプルサーマル発電による（『朝日』2016.1.30）。立地する若狭湾は、13基の原発が集中する「原発銀座」と呼ばれる世界屈指の原発集中地域である。2月26日には同じくプルサーマル発電による4号機が再稼働した。直前に原子炉補助建屋で放射性物質を含む水漏れが生じたが、予定通りに再稼働した。関西電力は、原因は「配管の弁のボルトが緩んでいた」ためであり約80か所の弁を再点検したと発表した（『朝日』2016.2.27）。再稼働に際しての安全確保のための必須の覚悟－緊張感はこのレベルだったのであろうか。

プルサーマル発電は使用済燃料から取り出したプルトニウムとウランを混ぜた混合酸化物（MOX）燃料を使う。高速増殖炉「もんじゅ」の見通しが立たないなかで核燃料サイクル政策の軸となっている。しかし、MOX燃料は建設中の六ヶ所村の工場では再処理出来ず、処分の方法は決まっていない（『朝日』2016.2.1）。

2015年12月に開かれた原子力防災会議（議長安倍首相）に於いて、安倍首

相は安定したエネルギー供給の確保のためには「原子力はどうしても欠かすことができない」とし，再稼働や原子力防災対策，廃炉，使用済燃料対策，立地地域の振興などの原子力政策全体に政府が責任をもって取り組む考えを表明した。さらに，高浜原発で過酷事故が起きた場合の広域避難計画も了承された（『朝日』2015.12.19）。

　高浜原発から半径30キロ圏内に入る福井県，京都府，滋賀県の12市町には約17万9000人が暮らす。政府が了承した避難計画は，原発で事故が発生した場合，住民は，福井県，京都府，兵庫県，徳島県の56市町へ避難することを指定している。しかし，住民の受け入れ計画の策定が終わっているのはわずか7市のみで大半の自治体が受け入れへの不安を示している（『朝日』2016.1.25）。事故が発生した場合，混乱の中で4府県56市町の広範囲から避難先を決定するのは容易なことではない。真に住民の「いのち」は守られるのであろうか。避難計画は不備である。それでも高浜原発は再稼働した。

　高浜原発3・4号機が原子力規制委員会の新規制基準の審査をクリアしたのは2015年2月である（『朝日』2015.12.23）。2か月後の4月，住民による仮処分の申し立てを受けて福井地裁（樋口英明裁判長―名古屋家裁へ移動）は，新規制基準は合理性に欠けており，地震で過酷な事故に陥る危険があるとして運転禁止の仮処分決定を出した。原発の運転を差し止める司法判断が下された（『朝日』2015.4.15）。しかし，12月24日，福井地裁の林潤裁判長は，新基準の評価を一転させて合理性を認め，「（周辺住民らの）人格権を侵害する具体的危険は認められない」（『日本経済新聞』2015.12.24）として再稼働を差し止めた仮処分決定を取り消した。わずか8か月で司法の判断が覆った。関電による差し止めへの異議申し立てが認められたのである（『朝日』2015.12.25）。

　林裁判長は，同日大飯原発[5]についても「規制委員会の審査が継続中で，再稼働が差し迫っているとはいえない」（『日本経済新聞』2015.12.24）として，仮処分の必要性を否定し，大飯原発再稼働差し止め仮処分の申し立て却下の決定を下している。

　2016年3月9日，大津地裁（山本善彦裁判長）は，滋賀県の住民の訴えを

認め，高浜原発3号機・4号機の運転を差し止める仮処分決定を出した。稼動中（4号機はトラブルが生じたため緊急停止中）の原発への初の仮処分決定である。「福島の事故の原因究明は建屋内での調査が進んでおらず今なお半ば」であり，同様の事故を起さないための「対策を講じるには徹底した原因究明が不可欠」である。こうした状況で新規制基準を策定する国の原子力委員会の姿勢に「非常に不安を覚える」と厳しく記している。その上で，過去に若狭湾で大規模な津波が発生したとは考えられないとする関電の主張に対しても，1586年の天正地震に関する古文書をもって実例を掲げた。さらに，福島の事故では避難に大混乱が生じたことが認識されているのであり，国主導で策定された具体的な「避難計画を視野に入れた幅広い規制基準を策定すべき信義則上の義務が国にある」とした（『朝日』2016.3.10）。避難計画が審査の対象になっていないことへの国の責任が強調された。世界最高水準として新規制基準に適合した原発を再稼働させる政府方針への厳しい警告である。

しかし，菅官房長官は記者会見で「新規制基準に適合すると判断されたもので再稼働を進める方針に変わりはない」と述べている。関電は決定取消しを求める保全異議や執行停止を地裁に申し立てる方針である。稼働する原発は川内原発の2基のみになった。2015年4月の福井地裁による運転差し止め決定（12月却下）に続いて，大津地裁と2回にわたって下された原発運転停止の司法判断は大きな意味をもつ。

2日後の3月11日，広島・長崎の被爆者18人を含む9都府県の67人が，四国電力伊方原発1号機～3号機（愛媛県伊方町）の運転差し止めを求めて広島地裁に集団提訴した。原告の一部は，主な審査が終了し近い将来の再稼働が有力視される3号機の運転差し止めを求める初めての仮処分を申し立てた（『朝日』2016.3.11）。四国電力は，2016年3月25日，伊方原発1号機を廃炉にすることを発表した（『朝日』2016.3.26）。

6. 福島の人びと

1960年，福島県知事佐藤善一郎は双葉郡へ原発を誘致することを表明した。

県議会では「最も新しい産業をこの地に持ってきたい」と語っている。71年3月，福島原子力発電所は国内4番目の原発として1号機が運転を開始した。福島第一・第二原発は10基にまで増え，地域は原発とともに歩む。1988年，小学6年生の大沼勇治が宿題で提出して優秀賞に選ばれた標語「原子力　明るい未来のエネルギー」を記した看板は，双葉町の中心街入り口に掲げられて，老朽化を理由に撤去されるまで20年以上の月日福島原発を宣伝する役割を担ってきた（『朝日』2015.12.21）。

世界最悪の原発事故となった福島第一原発事故から5年。事故の検証は未だに不十分である（『朝日』2016.3.12）。今もなお約10万人もの人が避難生活を余儀なくされている。

原発事故は，人びとから日々の生活を奪い，生まれ育った故郷を奪って大きな犠牲を強いた。地域をも崩壊した。そして，自らの命を絶つ悲劇も生んだ。

全村に避難指示が出たために生まれ育った飯舘村の家に住めなくなった舅が死を選んだことを，大久保美江子は「どんなことをしても，村を出たくなかったんだろうなって。ここはおばあさんと暮した家だし，思い出がいっぱい詰まってるから。やっぱりここは自分が生きた証しみたいなものがいっぱい詰まっていたんじゃないかな。今はそう思うことで納得することにしたんです」と無念な想いを語っている。

「原発事故前の集落はもうないですよね。まあ，どこの町村も同じかもわかんないけど，もうかなりバラバラになっちゃうんじゃないですか。年寄りばかり戻っても暮せないですよね。戻ってみても何も作れないし，畑も作れないね。田んぼも作れないんでは，ここに戻ってくる意味さえなくなっちゃいますよね」。妻を亡くした渡邉幹夫の言葉は，普通の生活を奪われた悲しみを語る。

「原発さえなければと思います　残った酪農家は原発にまけないで頑張って下さい　先立つ不幸を　仕事をする気力をなくしました」。飯舘村に隣接する相馬市の酪農家菅野重清は，半年前の2010年12月に増築したばかりの堆肥小屋の壁に，白いチョークで書き残して55歳の命を絶った。壁には数日前に書かれた「馬鹿につける薬なし　原発で手足ちぎられ酪農家」も残されている。

3月20日に原乳の出荷制限が国から指示され，翌日には出荷停止になった。重松にとっては大きな衝撃であった。経済的にも追い込まれた[6]。原発事故が，重松の日々の努力を根こそぎ潰したのである。

　3月12日，原発関連会社の人から「原発が危ない」との情報を得た三浦綾は，その日のうちに子どもを連れて広島の実家に避難した。いわき市の自宅を離れる時に夫が強い口調で言った「こっちに戻るのは絶対ダメだ」「とにかく帰ってくるな」を支えに広島での生活を続けている。小学生の次女は，作文に「……一日でも早く，福島で家族五人が安心して，楽しくくらせる，あたり前の日が来てほしいと思っています」と書いた。仕事の都合で福島に残る夫と離れて暮らすことへのためらいの中で過ごす苦悩[7]が想われる。

　3月14日の3号機水素爆発後，風にのった高濃度の放射性物質が原発から40キロも離れた飯舘村の大地を覆った。しかし，国の対応の不手際から計画的避難区域に指定されるのは4月11日である。村では計画的避難が発表される前から放射性汚染の深刻さを知って行動を起していた若い村民と村のベテラン層が，村民の心の拠り所として声を出し合う場をつくろうと動きはじめていた。「愛する飯舘を還せプロジェクト　負けねど飯舘!!」のタイトルでサイトも立ち上げた。4月26日には「愛する飯舘村を還せ!!　村民決起集会」が開かれ，村民たちは「手作りでしあげてきたのに，この村を放射能で汚されてしまうと思うと，悔しくて悔しくて，言葉でどういうふうにあらわしたらいいのか，わかりません。……テレビ見ていて，腹が立ちますよね。国会議員さんたち，何をやっているの」「"東北人は穏やかだから"，そんなこと言われてられませんよ，穏やかじゃないんです。抑えているんです。ただそれだけなんです。ことを大きくしないようにって，我慢してきたんです。でも堪忍袋の緒が切れました。……孫が，子どもたちが，もう帰るふるさとがない」などと憤りや戸惑いの声をあげた。そして，避難が進む5月25日に開かれた村での最後の村民集会では，将来への不安や放射能への不安など，多くの不安が語られている。

　「父と母は飯舘を出たくないというのが正直な気持ちだと思います。自分

も育ったのは飯舘ですので，出るとなるとやっぱり寂しいですね。でも，安全とか，健康的なことを考えると……子どもがいるので。……放射能の汚染で全国的に知られたので，将来的に飯舘にまた戻って仕事というのは正直むずかしいんじゃないかな……」

「うちは（子どもが）5歳と1歳。……福島市のほうに今一応，避難になりましたけれども，福島でも放射線てゼロじゃない。子どもにどれだけ影響が出るのか，それが5年後，10年後ってなると。福島市内への避難でいいのか（不安）」

「……一斉に花咲く春，山菜採り，カエルの合唱，菖蒲の香り，天の川，蛍の乱舞，緑のにおい，土のにおい，草のにおい，紅葉に映える山々，雪景色。でももう娘を飯舘村で遊ばせてあげることができなくなってしまいました。とても悲しいです。涙が流れて止まりません」。県外に住む女性からのメッセージ。

　4月30日，村の酪農家12戸が廃業を決める。3月21日には牛乳の出荷停止措置が出されたために搾乳しては捨てる牛乳の廃棄が続けられていた。牛は処分されていく。50頭の牛を飼っていた長谷川健一は「……私はリーダーでもあるので，みんなの牛を見送って，最後に自分の牛を処分する段取りをつけました。奥さんたちは，牛が連れていかれるのを，泣きながら追いかけた。そして，〈ごめんね，ごめんね〉と牛に声をかけていました。酪農家として，これ以上情けないことはありませんでした」と語っている[8]。

　本来の校舎が使えなくなり仮校舎で授業が続く公立の小中学校は，岩手，宮城，福島の3県で55校である。そのうちの30校が福島県内の学校であり，その主な理由が放射能汚染からの避難である（『朝日』2016.2.4）。2013年12月，大熊町と双葉町の町議会は，福島第二原発を含む県内すべての原発の廃炉を求める意見書を可決した（『朝日』2015.3.24）。しかし，県内の公園や農地，民家の軒先などには，除染廃棄物が詰められた袋「フレコンバック」が置かれたままである。2015年9月末で，約11万5000か所に約900万袋が積み上げられているという（『朝日』2016.2.14）。大熊町や双葉町などの帰還困難区域の放射

線量は今もなお非常に高く，自由に立ち入ることが出来ない。事故前に区域で暮していた約2万4000人は自宅に戻れるかどうかさえわからない（『朝日』2016.3.12）。事故は今も続いているのである。

俳優西田敏行は「原発が再稼働されようとしている地域の人たちには特に言いたい。わが故郷・福島の人たちは〈原発は安全・安心だ〉とずっと信じてきました。でも，起らないはずのことでも起きてしまうのです。〈俺のところは大丈夫だ〉と本当に信じていいのですか？」と語っている（『朝日』2015.3.11）。

おわりに

福島第一原発事故から5年，廃炉作業は未だ入り口にある。2016年3月30日，汚染水対策として1号機〜4号機を氷の壁で囲む凍土壁の運用を規制委員会が認可した。その成果は未知数である。安倍首相は2013年9月，東京への五輪招致演説で汚染水について「状況はコントロールされている」と語った。しかし，その後も汚染水は増え続けたのである。そして，廃炉作業の最大の目標である溶け落ちた核燃料の取り出しは，さらに不透明である。どこにどれだけあるか把握するロボット調査さえ計画の遅れが続く（『朝日』2016.3.12）。

2015年8月31日国際原子力機関（IAEA）は，42か国約180人が参加して作成された福島第一原発事故に関する最終報告書を公表した。最終報告書は，巻頭で「原子力の安全は各国の責任だが，事故は国境を越えて影響を及ぼす」「いかなる国も原子力安全について自己満足に浸る理由はない」と記す。そして，事故の主たる原因として「日本では原発が安全という思い込みが浸透していた」とした上で，原発の設計や緊急時の対応で弱点があったことに加え，外部電源が長時間失われる事態や複数の原子炉が事故を起こす想定がなされていなかったことなどを指摘している（『朝日』2015.9.1〜9.2）。

稼働していた各地の原発は，大量の高レベル放射性廃棄物（核のごみ）を排出してきた。それは，核燃料サイクルの必然の結果である。さらに，廃棄物は，核兵器の原料でもある。現在，その多くが各地の原発で保管されており，貯蔵容量は近い将来限界に達する。また，テロの目標になるなど想定外の事故に遭

遇する可能性もあり，極めて危険である。しかも，核廃棄物の処理は極めて困難である。原発は，過酷事故が生ずる危険性を有するのは勿論のこと，原発の存在自体が大きな危険を内包しているのである。それにもかかわらず，現在，原発再稼働が推進されている。私たちは，「核兵器廃絶」とともに「脱原発」を，ねばり強く主張し続けなければならない。それは，広島，長崎，ビキニ事件，そして，福島を経験した日本を生きる私たちに課せられた責任であると考える。

注

1) 小森敦司『日本はなぜ脱原発できないのか 「原子力村」という利権』平凡社, 2016。
2) 常石敬一『クロニクル 日本の原子力時代 1945～2015年』岩波書店, 2015。
3) 同上。
4) 同上。
5) 2014年5月21日，福井地裁（樋口英明裁判長）は，関西電力大飯原発3・4号機の運転差し止めを求めていた住民らによる訴訟に対して，「大飯原発の安全技術と設備は脆弱なものと認めざるを得ない」として差し止めを命じる判決を下した。福島事故後初の司法判断である。判決は，福島第一原発事故をふまえて「生存を基礎とする人格権は法分野において最高の価値を持つ」とし，運転差し止めの判断基準として「新規制基準への適否ではなく，福島事故のような事態を招く具体的な危険性があるか」を挙げている。政府が「世界最高の水準」とする新規制基準のあり方を否定したのである。さらに，「原発の運転停止で多額の貿易赤字が出ても，豊かな国土に国民が根を下ろして生活していることが国富であり，これが取り戻せないことが国富の喪失だ」として真の国富への言及もなされた。この一文は多くの国民の関心の的となった（『朝日』2014.5.22）。
6) 豊田直巳『フォト・ルポルタージュ 福島 原発震災のまち』岩波書店, 2011。
同『フォト・ルポルタージュ 福島を生きる人びと』岩波書店, 2014。
7) 同上『フォト・ルポルタージュ 福島を生きる人びと』岩波書店, 2014。
8) 千葉悦子・松野光伸『飯舘村は負けない──土と人の未来のために』岩波書店, 2012。

本書関連年表

年	事項（太字は内外の原水爆・原発関連の出来事）
1945	**8.6，B29，広島に原子爆弾投下．**広島市立高等女学校（広島市女）生徒，勤労動員作業中，原子爆弾に被爆．引率教員10人，生徒666人死亡．
	8.9，長崎に原子爆弾投下．（90.5.15厚生省，広島・長崎の被爆者の死者計29万5956人と発表）．
1946	8.6，広島市女遺族，被爆地に木碑「殉職諸先生並生徒供養塔」を建立して慰霊式．
1948	8.6，広島市女遺族，広島二葉高等学校（旧広島市女）校内に「平和塔」を建立．
	9月，主婦連合会発足．1951年，主婦連の活動拠点「主婦会館」完成．
1950	この年　**原水爆禁止ストックホルムアピール署名運動広がる．**
1951	3月，民間電力9会社発足．
1953	**12.8，アイゼンハワー米大統領，国連総会で「平和のための原子力」の演説を行う．**
	この年　電機業界「電化元年」をアピール．
1954	**3.1，米国，マーシャル諸島ビキニ環礁で水爆実験．島民・第五福竜丸などのマグロ漁船が被爆．3.14，第五福竜丸，焼津に帰港．**
	3.16，『読売新聞』で第五福竜丸被爆報道．同日，厚生省汚染マグロ検査指示，土中に廃棄．9.23，第五福竜丸無線長・久保山愛吉死去．12.28，マグロの放射能検査廃止を閣議決定．
	3月，東京で水爆禁止署名運動が始まる．
	4.5，第19回国会「原子兵器使用禁止・原子力の平和利用促進」を決議（衆・参）．
	4.6，主婦連・地婦連・生協婦人部等合同対策会議，「原子兵器の製造・使用・実験を中止すること，原子力の国際管理と平和的使用」の決議文を国内外に送付．
	4.23，日本学術会議原子力研究の3原則（公開・民主・自主）を決議．
	5.9，吉永村（現・焼津市）で，「原子力の平和利用」の署名運動開始．
	5.9，水爆禁止署名運動杉並協議会発足，斎藤鶴子参加．8月，斎藤，杉の子読書会参加．
	8.8，原水爆禁止署名運動全国協議会結成．

1955	1月，米政府，第五福竜丸被爆者に200万ドルの賠償金ではなく慰謝料支払い決定．
	5.29，静岡母親大会，静岡市内で開催．
	6.7-9，第1回日本母親大会，東京・豊島公会堂で開催．
	7.7-10，世界母親大会，スイスのローザンヌで開催．
	8.6-8，第1回原水爆禁止世界大会広島大会を開催．8月，原水爆禁止署名者3200万人．
	11.14，日米原子力協定締結．12月，原子力基本法公布．
	11月，原子力平和利用博覧会東京で開催．以後，57年まで10都市巡回．
1956	1月，原子力委員会発足（委員長正力松太郎．5月，科学技術庁初代長官）．
	7月，「もはや戦後ではない」『経済白書』．戦後復興による成長は終了，原子力平和利用に触れる．
1957	5.7，岸信介首相，参議院内閣委員会で9条下で核武装可能発言．
	8.6，広島舟入高等学校校内の「平和塔」を平和大橋西詰に移設．「広島市立高女原爆慰霊碑」と称す．
	8.6-16，第3回原水爆禁止世界大会（東京）「参加者の3分の1が主婦」．
	この年　国際原子力機関（IAEA）発足．日本原子力発電東海研究用原子炉臨界（原子の火）．
1962	4.20，主婦連，国立放射線医学総合研究所見学（70人）．
	10月，斎藤鶴子，ラッセルの「すべての核に反対」に共感，ラッセル宛に英文書簡を送る．以後20回．
1966	8-10月，主婦連，ユリア樹脂摘発（安全性追究テストによる功績）．
	この年　主婦連，地方代表を「中央委員」に選出し全国の草の根運動との連携図る．
1967	7.5，中部電力による浜岡原子力発電所の設置計画の報道．
	9月，原子力委員会「食品照射の研究開発計画」開始．
	11.14，北陸電力，原発建設予定地を石川県羽咋郡志賀町赤住と富来町福浦の2地区に決定．
	12月，佐藤栄作首相，非核3原則明言（60年安保改定密約，核兵器搭載艦船事前協議の対象とせず）．
	この年　東北電力，新潟県巻町，宮城県女川町，福島県浪江町に原子力発電所建設計画，巻町で宅地などの買収極秘に始める．
	この年　斎藤鶴子，草の実会の平和問題研究グループをつくる．68年，湯川秀樹らの非武装の提唱を支持し，女性団体による「非核三原則国会決議要請」の署名を国会に提出．

1969	3.10，珠洲市議会，原発誘致を提言．
	6.3，『新潟日報』，東北電力の巻原発計画を報道．建設反対3団体，推進団体発足．
	この年　斎藤鶴子，第五福竜丸保存運動に参加．のち第五福竜丸平和協会理事として第五福竜丸の保存・同展示館の発展に尽力．
1970	8月，草の実会，「15日デモ」開始．斎藤鶴子，第1回より1999年第99回まで参加．
1971	1月，福島第1原発1号機運転．70年代原子炉拡大．77年14基．
	4.16，志賀原発「赤住区対策協議会」の原発問題総括説明会で住民投票提案．5.20，原発建設の是非を問う赤住地区住民投票実施．投票率89.5％．県・町，「しこりが残る」として，開票せずに投票箱を破棄．
	5月，東北電力，巻建設計画公表，県に協力要請．巻町には76年に計画概要提出．
1972	4.20，能登原発反対各種団体連絡会議発足．79年7月，赤住に団結小屋建設．
1973	8月，伊方原発設置許可取り消し訴訟，全国初．84年，高松高裁違憲判決．
	この年　農作物・加工食品への放射線照射実用化（1972年許可ジャガイモ）．
1974	5月，電気料金値上げ，主婦連「電気料金の支払いは自分の手で」．
	この年　電源開発促進法など電源3法成立．原発開発費，政治献金含む総括原価方式に反対（76.5.11　主婦連，国会で追及）．
1975	この年　斎藤鶴子，草の実会平和問題グループで「核問題を考える連続講座」を実施．
1976	3月，『主婦連たより』に，「原子力船『むつ』受入れ反対」抗議文掲載．
	6.10，東京都立第五福竜丸展示館（江東区）開館．6月，日本，核拡散防止条約批准．
1977	1.13，珠洲市宝立・珠洲中央・蛸島3漁協青壮年部代表者74人，珠洲市に反対陳情．9.30，珠洲市寺家地区で反対派住民が「原発を考える会」設立．原発反対の看板を設置．
	10.24，主婦連が反原発週間に参加．副会長高田ユリ「反原発」を表明．
	12月，巻町議会，1号機の建設同意を決議．反対運動にたいし機動隊導入．
1978	3.25，珠洲原発反対連絡協議会（会長・河岸二三）結成．
1979	**3.28，米国のスリーマイル島原発事故発生．**
	4月，『主婦連たより』に，「原子力発電を止めて総点検せよ」の見出し記載．

177

	6.15,『日本海新聞』,「青谷〔気高郡〕も候補地だった！？」と中国電力による青谷原発立地の可能性を報道. 翌16日鳥取市で小出裕章が講演, 鳥取県連合婦人会（連婦）も後援し, 気高郡連婦役員が出席, 青谷原発反対を決意. 11.25, 郡連婦大会, 青谷原発建設反対を申し合せ. 以後, 反対運動の先頭に立つ.
	8月, 主婦連,「原水禁世界大会正式参加」を表明.
1980	8月, 原発を問い直す市民の会（後の反原発市民の会・富山）結成. 翌年3月, 反原発石川県民の会結成. 両会が協力して, 能登半島の反原発運動を推進.
1981	1月, 巻町漁協, 東北電力と漁業補償協定を結ぶ. 8月, 通産省資源エネルギー庁公開ヒアリング, 機動隊導入. 反対運動は浜茶屋建設, 鳴き砂・里道を復元し, 住民投票の署名運動すすめる. 11月, 巻原発1号機建設計画を資源エネルギー庁電源開発調整審議会認可.
	3.7,『日本海新聞』『中国新聞』, 青谷町が原発有力候補地と報道, 問題が表面化. 反対運動が高まり, 気高郡連婦は講演や広報, 学習会など草の根運動を積極的に行う.
1982	3.20, 青谷町で青谷原発反対の会結成, 気高郡連婦の署名運動に協力. 3.24, 青谷町議会, 原発反対決議. 4.20, 気高郡連婦, 有権者の半数以上9298人の署名簿を添えて陳情. 4.28, 鳥取県下の各界代表311人（県連婦・気高郡連婦会長を含む）が青谷原発反対の共同アピールを発表.
	6月,「原発のない住みよい巻町をつくる会」発足. 8月, 町長選, 原発反対を公約する立候補者2358票獲得. つくる会会員「原発反対！婦人新聞」発行.
	この年 「第2回国連軍縮特別総会に核兵器の完全禁止と軍縮を要請する国民運動推進連絡会議」の3000万署名運動に応えて「第2回国連軍縮特別総会に向けて婦人の行動を拡げる会（のちに婦人の行動を拡げる会）」結成. 草の実会参加.
1983	4月, 東北電力, 巻原発2, 3, 4号機建設計画取り下げ. 以後原発凍結がつづく.
	10.22, 気高郡連婦『原発のないふるさとを』刊行, 反響を呼ぶ.
1984	3.5, 中部・北陸・関西電力3社, 珠洲市現地に統合事務所を開き, 窓口一本化を珠洲市長に申入れ. 3.9, 石川県による肩代わり海洋調査開始. 85年, 石川県, 海洋調査結果を3.47億円で北陸電力に譲渡.
	4.1, 中部・北陸・関西の電力3社, 珠洲電源開発協議会事務所を開設. 11.7, 中部電力, 珠洲市寺家地区に事前調査の申入れ.
1986	3月, 反原発市民の会・富山, 北陸電力宛に建設計画白紙撤回を求める抗議文を提出.
	4.26, ソ連・チェルノブイリ原発事故発生.

	9月,主婦連「主婦大学」,高木仁三郎「チェルノブイリ事故と原子力発電の安全性」.
1987	4.26,チェルノブイリ原発事故1周年で,金沢市の女性ら集会・デモ行動.
	9月,志賀原発建設反対を目指す女たちによる七尾なまこの会結成.翌年2月,北電・石川県知事宛に原発建設中止の申入れ書と署名簿を提出するも,不受理.
	この年 長崎「非核都市宣言」を求めて10万人署名に取り組む.
1988	4.20,原発とめたい仲間たち・金沢「いのみら通信」No.1を発刊.情報発信・ネットワーク作りによる反原発行動を実践.
	4.23-24,チェルノブイリから2年原発とめよう日比谷1万人行動,2万人参加.
	6.10-11,原発とめたい仲間たち・金沢,七尾なまこの会,市民の会・富山ら反原発市民団体,北陸電力本社や石川県庁に大集合.署名10万余人分を提出するも不受理.
	8.22,志賀原発1号機,原子炉設置許可.
	10.26,反原発市民団体(金沢・七尾・富山),北陸電力本社を人間の鎖で囲み,反対署名簿1万8000人分を提出.石川県庁へは12万余人分の反対署名簿を提出.
	12.1,北陸電力志賀原発1号機着工.「能登原発をやめさせよう!住民訴訟原告団」,北陸電力に1号機建設差止の訴訟を金沢地裁へ提起.公募による原告は3000人.
	12.14,北陸・関西両電力,石川県と珠洲市に珠洲市高屋地区で事前調査申入れ.
1989	1.27,鳥取県下の原発反対市民グループ,青谷原発候補地の土地共有化を発表,原発建設を阻止.
	6.18,珠洲市内反原発9団体,珠洲原発反対ネットワーク結成.ふるさとを守る女の会結成. 6.30,原発事前調査中止求め市役所座り込み解除.
	9.12,珠洲原発反対ネットワーク,署名1万余人珠洲市に提出.
	12.13,富来町高橋美奈子,志賀・珠洲原発反対する「衆院選二区を反原発でとりくむ会」を母体に革新系無所属新人として石川2区から衆議院選に立候補. 90年2.18,落選するも珠洲では「健闘」.
	この年 主婦連,原爆ドーム(広島)保存運動.
1990	5月,原発とめたい仲間たち,「いのちの未来に原発はいらない」のメッセージを込めたフレンドシップ・キルトの1枚目(100人分)完成.以後全国各地で展示会開催して反原発のメッセージ届ける.
	この年 主婦連,被爆者援護法成立支援運動.

1991	4.7. 石川県議選珠洲市郡選挙区で,原発反対派の北野進が当選. 4.21, 珠洲市議選で, 反原発派の落合誓子を含む4人当選 (定数18). これまで0または1人.
1993	4.28, 18日に投開票された珠洲市長選で落選した反原発派の支持者ら,「選挙無効」を同市選管に異議申し立て. 96年5月, 市長選の無効をめぐる訴訟で, 最高裁が選挙無効の判決.
1994	3月, 巻町長, 凍結政策解除, 建設を表明. 女性中心に折鶴を折る反対運動. 7月,「青い海と緑の会」発足(女性多). 8月, 町長選, 反対表明の2候補の票, 当選町長の票を上回る. 10月, 自営業者を中心に住民投票で住民の意思を確認する「巻原発・住民投票を実行する会」発足. 11月, 巻原発反対6団体「住民投票で巻原発をとめる連絡会」結成. 実行する会, 町長に住民投票実施要請.
	8.25, 金沢地裁, 88年提訴の志賀原発1号機建設差止め訴訟, 棄却. 安全性立証責任を電力会社に要求. 98年, 名古屋高裁, 棄却するも原発を「負の遺産」と認める.
	8月, 村山内閣成立に当たり, 草の実会. 平和憲法尊重とともに脱原発政策の実施を申入れ.
1995	**1.17, 阪神大震災. 12.8, 高速増殖炉もんじゅでナトリウム漏れ事故.**
	1.22-2.5, 巻町実行する会の自主管理による住民投票実施, 投票率45.4%, 反対票94.95%. 2月, 町有地売却審議の臨時町議会, 反対運動により流会. 4月, 町議選, 住民投票条例制定議員過半数当選, 女性3人トップ当選. 6月, 条例案可決. 12月, 住民投票条例無視の町長リコール運動により町長辞任.
	4.23, 珠洲市議会選挙, 反原発派候補5人全員当選. 県議選, 無投票で反原発派の北野進再選.
1996	1月, 巻町長選, 実行する会代表当選. 8月, 住民投票実施, 建設賛成38%, 反対61%.
	この年 主婦連, 第五福竜丸船体及びエンジン保存運動(-2000年).
1997	3月, 巻町議会電源立地対策課廃止.
1998	8月, 巻町長, 建設完全阻止のため町有地1か所を実行する会の23人に売却, 推進派提訴. 新潟地裁・東京高裁, 違法性なしの判決.
1999	8.31, 志賀原発2号機建設差止め, 金沢地裁に提訴.
	9月, 茨城県東海村のウラン加工施設JCOで臨界事故.
	10.11,『朝日新聞』, 関電の珠洲市高屋の原発用地をゼネコンに買収依頼・偽装契約をスクープ.
2000	7月, 厚生省, 第五福竜丸乗組員小塚博の船員保険認可.
	12.19, 志賀原発1号機運転差止め訴訟の最高裁判決, 原告上告を棄却.

2003	12.5, 関電・中電・北電, 珠洲原発凍結を珠洲市・石川県に表明. 12月, 東北電力, 巻建設計画撤回を新潟県に表明.
2004	3.15, 志賀原発2号機営業運転開始. 3.24, 金沢地裁, 2号機建設差止め訴訟で運転差止めの判決. 3月, 東北電力, 電力供給計画から巻原発計画削除を正式に公表.
2009	3.18, 名古屋高裁, 志賀原発2号機運転差止め訴訟判決, 原告上告を棄却. 2010年10.28, 最高裁, 上告を棄却.「敗訴」確定. 1号機訴訟開始（88年）後22年が経過.
2011	3.11, 東日本大震災. 東電の福島第一原発事故発生.

＊本書関連年表は, 各論文執筆者作成の年表項目を採録したが, 以下の参考文献からも適宜補った.
『近代日本総合年表 第4版』岩波書店, 2001年11月
原子力総合年表編集委員会編『原子力総合年表 福島原発震災に至る道』すいれん舎, 2014年.

作成：海保洋子

あとがき

　本書所収の論文を入稿後の2016年4月から5月にかけて，核エネルギーと日米関係をめぐる情勢が大きく動いた。あとがきで少々触れておきたい。
　一つは，4月から始まった電力自由化問題で，従来寡占されてきた電気事業に市場競争が導入された。しかし，電気料金引き下げが強調され，再生エネルギー利用の割合は明示されていない。営利ベースではない太陽光，風力，水力，波力など自然を利用した原発に代わる発電のあり方をドイツやデンマークなどの先進国を参考に考えていかなければならない。
　5月9日，第五福竜丸以外のビキニ被災の漁船乗組員やその家族が，国家賠償を求めて訴訟を起こした。日米の政治決着で事件後早々に公的調査が打ち切られたが，80年代以降高知県の住民や報道機関の調査によって，ようやく隠蔽され放置されてきた被害者や家族が賠償を政府に求めた。ビキニ事件から62年，被害の全容はいまだ明らかになっておらず，補償もされていない。集団訴訟の行方を見守りたい。
　5月26日，サミット出席のためオバマ米大統領が来日。これに先立つ4月，沖縄県うるま市に住む20歳の女性が強姦された上殺害され，嘉手納基地所属の米軍属の男が遺体遺棄容疑で逮捕された。国内の米軍基地の74％が集中する沖縄で絶えない悲惨な事件である。日米首脳会談でオバマ氏は捜査への協力を約束したが，沖縄県民の悲願である日米地位協定の改定には触れなかった。日本政府も要求していない。
　サミット終了後の5月27日，オバマ氏は現職米大統領として初めて被爆地広島を訪問。原爆資料館視察後の演説で，「科学の革命には道徳的革命が求められる」と「核兵器なき世界」をめざす理念を語ったが，具体策を欠き，「私が生きているうちにこの目標は達成されないかもしれない」という言葉には失望させられた。

また，核兵器と同じ核エネルギーによる危険性を有する原子力発電には全く触れなかった。「歴史を直視する責任」を言うのなら，原爆被害の実相を隠しつつ原発を世界中にばらまいた米国の戦後核政策についても言及してほしかった。これを機に米国が今後，核兵器禁止条約の批准に向かうことを，また原発の廃止を進めることを切に願う。これは同時に，日本政府の核政策の有り方を問うことでもある。
　私たちのささやかな研究は，この願いをこめたものである。

2016 年 5 月 31 日

執筆者を代表して
江刺　昭子

執筆者紹介

編　者

早川紀代（はやかわ　のりよ）　早稲田大学，明治大学など元非常勤講師。総合女性史学会前代表。日本近現代・東アジア比較女性史。『戦時下の女たち―日本，ドイツ，イギリス』岩波書店，1993。『近代天皇制と国民国家』青木書店，2005。共編著『歴史をひらく　女性史・ジェンダー史からみる東アジア世界』御茶の水書房，2015。

江刺昭子（えさし　あきこ）　史の会代表。日本近現代女性史，ノンフィクション。『草饐―評伝大田洋子』濤書房，1971。『覚めよ女たち―赤瀾会の人びと』大月書店，1980。『樺美智子―聖少女伝説』文藝春秋，2010。『ミセスの時代』現代書館，2014。

執筆者（執筆順）

小和田美智子（おわだ　みちこ）　静岡英和学院大学，静岡県立大学非常勤講師。日本近世・近現代女性史。『地域と女性の社会史』岩田書院，2012。共著『豊田町誌　通史編』豊田町，1996。

石崎昇子（いしざき　しょうこ）　専修大学文学部非常勤講師。日本近現代女性史。
『近現代日本の家族形成と出生児数・子どもの数をきめてきたもの』明石書店，2015。共著『歴史のなかの家族と結婚』森話社，2011。

永原和子（ながはら　かずこ）　総合女性史研究会元代表。日本近現代女性史。『近現代女性史論』吉川弘文館，2012。共編著『講座日本女性史4　近代』東京大学出版会，1982。『講座日本女性生活史Ⅳ　近代』東京大学出版会，1990。共著『おんなの昭和史』有斐閣，1986。

山村淑子（やまむら　よしこ）　公立高校（東京，茨城）元教員，和光大学元非常勤講師。地域女性史研究会。日本近現代女性史。共著『女と戦争』昭和出版，1991。『結城の歴史』結城の歴史編さん委員会，1995。『歴史を生きた女性たち』汐文社，1995。『時代を生きた女たち』朝日新聞出版，2010。

金子幸子（かねこ　さちこ）　名古屋短期大学元教授。近現代日本女性史。『近代日本女性論の系譜』不二出版，1999。共編『日本女性史大辞典』吉川弘文館，2008。共著『東アジアの知識人3』有志舎，2013。『女性官僚の歴史』吉川弘文館，2013。

海保洋子（かいほ　ようこ）　新札幌市史編集委員会元編集長。地域女性史研究会。近現代女性史。『近代北方史』三一書房，1992。共著『新札幌市史』1-10，1986-2008。『北の女性史』北海道新聞社，1986。「戦前期方面委員の女性任用問題に関する一考察」『総合女性史研究』第29号，2012。

宇野勝子（うの　かつこ）　千葉県歴史教育者協議会会員。日本近現代史。『教育・戦争・女性』ドメス出版，2005。共著『学校が兵舎になったとき　千葉からみた戦争の歴史1931〜1945』青木書店，1996。『学びあう女と男の日本史』青木書店，2001。『女性官僚の歴史』吉川弘文館，2013。

編者紹介

早川紀代(はやかわ　のりよ)　総合女性史学会前代表
江刺昭子(えさし　あきこ)　史の会代表

原爆と原発,その先──女性たちの非核の実践と思想──

2016年9月9日　第1版第1刷発行

　　　　　　　　　　　編　者　早川紀代・江刺昭子
　　　　　　　　　　　発行者　橋　本　盛　作
　　　　　　　　　　　発行所　株式会社　御茶の水書房
　　　　　　　　　　　〒113-0033　東京都文京区本郷 5-30-20
　　　　　　　　　　　　　　　電話 03-5684-0751
　　　　　　　　　組版・印刷／製本：東港出版印刷株式会社

Printed in Japan
ISBN978-4-275-02056-7 C3020

歴史をひらく
——女性史・ジェンダー史からみる東アジア世界

早川紀代・秋山洋子・伊集院葉子・井上和枝・金子幸子・宋連玉 編
価格 A5判・二六二頁 二八〇〇円

原爆と写真

徳山喜雄 著
価格 A5変・二四〇頁 二八〇〇円

脱原発・再生文化論

川元祥一 著
価格 四六判・二六〇頁 二二〇〇円

3・11が破壊したふたつの神話
——原子力安全と地震予知

常石敬一 著
価格 A5判・一〇〇頁 一〇〇〇円

〈3・11フクシマ〉以後のフェミニズム
——脱原発と新しい世界へ

新フェミニズム批評の会 編
価格 A5判・二五四頁 一八〇〇円

「辺境」の抵抗
——核廃棄物とアメリカ先住民の社会運動

鎌田遵 著
価格 四六判・三六八頁 三五〇〇円

持続可能性の危機
——地震・津波・原発事故災害に向き合って

長谷部俊治・舩橋晴俊 編著
価格 菊判・三〇四頁 四二〇〇円

「3・11」からの再生
——三陸の港町・漁村の価値と可能性

河村哲二・岡本哲志 編著
価格 菊判・三六六頁 五六〇〇円

持続可能な未来の探求∶「3・11」を超えて

河村哲二・陣内秀信・仁科伸子 編著
価格 菊判・二九四頁 四〇〇〇円

歴史として、記憶として
——「社会運動史」一九七〇〜一九八五

喜安朗・岡本充弘・谷川稔 編
価格 A5判・三五〇頁 四八〇〇円

御茶の水書房
（価格は消費税抜き）